Kansantajuisesti kielestä

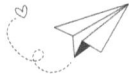

Tuija Metsäaho

KANSANTAJUISESTI KIELESTÄ

Kustantaja: BoD · Books on Demand,
Mannerheimintie 12 B, 00100 Helsinki, bod@bod.fi
Kirjapaino: Libri Plureos GmbH,
Friedensallee 273, 22763 Hampuri, Saksa

ISBN: 978-952-80-9678-8

Sisällysluettelo

I

Lukijalle

Suomen kieltä voi lähestyä monista eri kulmista. Aina ei tarvitse kerrata kielioppia vaan voi valita mutkattomamman lähestymistavan. Jos kiinnostuisi arkikielestä. Jos kuuntelisi nuorison puhetta ja oppisi uusia ilmaisuja. Jos lukisi lastenkirjaa ja tarkkailisi taaperon kielenkehitystä. Jos hakeutuisi vanhainkotiin ja pyytäisi asukkaita kertomaan tarinoitaan. Jos tutkisi oman nimensä alkuperää. Jos lukisi heippalappuja uusin silmin.

Kieleen kannattaa suhtautua avoimin ja uteliain mielin. Ei keskitytä pelkästään virheiden etsimiseen ja osoittamiseen. Huomataan erilaiset tavat käyttää kieltä ja todetaan, että näinkin voi ilmaista itseään.

Haluan vaalia suomen kieltä ja pitää sen elinvoimaisena. Se kestää vääntämistä ja kääntämistä, leikittelyäkin. Kieli ei mene pilalle, jos siinä on vähän virheitä. Se ei kulu käytössä vaan virkistyy. Kieleen pitää suhtautua vakavasti, mutta ei liian vakavasti. Kieli on tärkeä ilmaisun väline. Kieli elää ja muuttuu käyttäjiensä mukana. Siksi uusiin ilmiöihin ei pidä suhtautua torjuvasti.

Haluan osoittaa sinulle, että kieli on kiinnostavaa ja kivaa!

Kielestä voi innostua eri lailla. Jollekin on tärkeää kielenhuolto ja oikeinkirjoitus. Toinen raapustaa runoja. Yksi tykkää tutkia vanhojen iskelmien sanoituksia. Joku nauttii viihdekirjojen lukemisesta. Kolmas ihailee slangia. Kaikki käy!

Selkeä ja kansantajuinen kieli on minun vahvuuteni. Olen julkaissut monia kieliaiheisia tekstejä Elämänpuu-blogissani. Lisäksi olen pitänyt Sana hallussa -palstaa Kollega.fi-verkkolehdessä. Vieraskynä-kirjoituksiani on julkaistu Sihteeriyhdistyksen blogissa, Pilkuttaja.fi-sivustolla ja Ukko.fi-sivustolla. Näistä teksteistä olen kasannut tämän teoksen ja nimennyt sen Kansantajuisesti kielestä.

Tavoittelen lukijoiksi tavallisia kielenkäyttäjiä, en niinkään kielen ammattilaisia tai kollegoitani. Helppolukuiset tekstit tarjoavat paljon ajattelemisen aiheita. Kaikkea ei tarvitse nielaista sellaisenaan, vaan pureskelu on suotavaa. Jokaisen tekstin lopussa esitän pohdittavia kysymyksiä.

Kirjasta on lupa poimia vain kiinnostavimmat kohdat, koska luvut toimivat myös yksittäin. Tietysti toivon, että löydät paljon mielenkiintoista luettavaa. Teksteissä on jonkin verran toistoa ja rosoisuuttakin niin kuin elämässä yleensäkin.

Toiveeni on, että lukijassa syttyy kielikipinä, edes pieni sellainen. Haluan laajentaa kielitietoisuutta ja antaa vinkkejä, niksejä ja keinoja, miten kielitaitoaan voi kehittää.

Nautinnollisia lukuhetkiä!

Helsingissä toukokuussa 2025

Tuija Metsäaho

Millainen kirjoittaja olet?

Pyydän usein verkkokursseillani opiskelijoita tekemään niin sanotun alkukartoituksen osaamisestaan. Kurssista saa enemmän hyötyä, kun tunnistaa omat heikkoutensa ja vahvuutensa. Kehotan sinuakin pohtimaan kaikessa rauhassa alla esitettyjä kysymyksiä. Taitojaan on helpompi ryhtyä kehittämään, kun tietää, missä mennään.

Tarjoan myös lohdutuksen sanoja. Joskus ammattikirjoittajasta ajatellaan, että helppohan tuon on tuottaa tekstiä. Mutta ei se läheskään aina niin mene. Kirjoittaminen on prosessi, joka on välillä tuskallinen. Lopussa odottaa palkinto, kun teksti on valmis.

Alkukartoitus

Ennen kuin alkaa miettiä keinoja, miten taitojaan kehittää, on hyvä arvioida, mitä jo osaa ja minkälaisia tekstejä haluaa kirjoittaa. Millainen kirjoittaja olet?

Seuraavien kysymysten avulla pääset kartalle:

o Mikä on sinulle helppoa kirjoittamisessa?
o Mikä on vaikeaa?
o Minkälaisia tekstejä luet mielelläsi?
o Millaisia tekstejä välttelet?
o Miksi jotkin tekstit ovat vaikeita?
o Miksi toisia on mukava lukea?
o Millaiseksi kirjoittajaksi haluat tulla?

Jos kirjoittamisessa on helppoa tekstien aloittaminen ja saattaminen valmiiksi, vaikuttaa siltä, että prosessi on kunnossa. Jos taas hallitset

11

suvereenisti kieliopin, et tarvitse sen kertaamista. Jos vaihdat ketterästi tekstilajista toiseen, tämä asia on hallussa.

Kun pohdit, mikä on kirjoittamisessa vaikeaa, tiedät jo, missä tarvitset harjoittelua. Voit myös miettiä, miksi on esimerkiksi vaikea aloittaa, miksi yhdyssanat ovat hankalia, miksi et osaa laatia tiedotetta tai kirjoittaa tarjousta. Näin voit haarukoida, mitä pitää vielä kehittää ja harjoitella.

Lukeminen vaikuttaa suoraan kirjoittamiseen. Kun listaat, mitä luet mielelläsi, voit myös miettiä, miksi juuri tuo lukemasi laji kiinnostaa. Onko teksti kirjoitettu erityisen helposti, koukuttavasti, huolellisesti ja sujuvasti? Minkälaisia tekstejä sitten välttelet? Ovatko ne asiapitoisia ja tylsiä? Lauserakenteeltaan kömpelöitä ja vaikeasti ymmärrettäviä? Mikä niistä ylipäätään tekee sellaisia, ettei niitä ole mukava lukea?

Vähitellen pääset tavoitteisiin. Minkälaiseksi kirjoittajaksi haluat tulla? Missä haluat kehittyä? On selvää, että kaikkea ei tarvitse hallita. Jos joku on hyvä runojen kirjoittaja, se ei välttämättä tee hänestä loistavaa tiedotteiden kirjoittajaa. Runoilijalle tämä riittääkin. Jos taas on toimistotöissä, on tärkeää osata selkeä asiatyyli ja käyttää kohteliasta ja ystävällistä kieltä. Myös työelämän yleisimmät tekstilajit, kuten tiedote, tarjous ja muistio, on hyvä hallita. Näillä pääsee jo pitkälle. Sähköpostikäytännöt on syytä osata myös.

Kirjoittajana kehittyy vähitellen. Tärkeää on tiedostaa omia maneereita ja pysähtyä välillä miettimään, mitä ja miten kirjoittaa. Palautteen pyytäminenkin on paikallaan.

Sivusinkin jo edellä erilaisia tekstimuotoja ja tekstilajeja. Seuraavan kysymyssarjan avulla pääset kartoittamaan, minkälaisia tekstejä kirjoitat:

o   Kirjoitatko asiapitoisia työelämän tekstejä?

o   Kirjoitatko proosaa: novelleja, romaaneja, runoja?

o   Teetkö somepäivityksiä?

o   Puratko tuntojasi teksteihin? Onko terapeuttinen kirjoittaminen sinun lajisi?

Se, mikä toimii kaunokirjallisissa teksteissä, ei aina sovi asiatyyliin. Mutta en halua sanoa, että nämä ovat kaksi täysin vastakkaista maailmaa, koska kaunokirjallisista keinoista on hyötyä asiateksteissäkin. Meillä on paljon erilaisia kielimuotoja, joiden rajat ovat hämärtyneet. Some tuo tähän vielä oman lisänsä. Somen kieltä on tutkittu vasta vähän, ja odotankin, milloin ensimmäiset tutkimukset ilmestyvät. On mielenkiintoista tietää, minkälaisia lainalaisuuksia somen kielessä on. Nyt siellä minusta rehottavat hyvin monenlaiset tyylit. Joka tapauksessa olen sitä mieltä, että somepäivitysten tekeminen on kielenkäytölle erittäin kehittävää. Siellä voi tehdä kokeiluja, koska tekstien elinkaari on yleensä lyhyt.

Kaikenlainen kirjoittaminen on hyvästä. Kirjoititpa mitä tahansa, taitosi kohenee.

Ja lopuksi. Koskaan ei tule valmista. Tiettyä karheutta ja keskeneräisyyttä pitää sietää. Siksi minä tykkään kirjoittaa blogitekstejä, koska niiden ei tarvitse olla täydellistä, vaan riittää, että on sujuvaa luettavaa. Muutama virhekin sallitaan.

POHDITTAVAA

Vastaa kaikkiin yllä esitettyihin kysymyksiin!

Ammattikirjoittajaakin ahdistaa

Millaista on kirjoittaa työkseen? Syntyykö tekstiä tuosta vaan ilman sen kummempia esteitä? Ammatikseen kirjoittavalle on varmasti suotu jokin lahja, jota voi hyödyntää kirjoittamisessa. Tekstiä pulppuaa loputtomasti jostain ehtymättömästä lähteestä, kunhan vaan ryhtyy kirjoittamaan.

Vastaukseni ennakko-oletuksiin: "Kirjoittaminen ahdistaa välillä minuakin."

Niin ihanaa kuin kirjoittaminen onkin, se käy työstä. Käytössäni on kuitenkin nippu niksejä, joihin turvaudun, kun ryhdyn kirjoittamaan.

Kaikki alkaa aiheesta

Minulle ei ollenkaan sovi sellainen, että pyydetään kirjoittamaan "vapaasti jostain aiheesta syksyllä". Ohjeistus on liian vetelä. Helposti jää kirjoittamatta. Tarvitsen tarkemman rajauksen ja toiveen, mitä tekstin on tarkoitus käsitellä.

Rakastan määrämittoja ja deadlineja, koska ne ryhdistävät toimintaa. Osaan aikatauluttaa töitäni, kun tiedän, milloin mitäkin pitää olla valmiina. Luotan vielä(kin) paperiseen kalenteriin, johon kirjaan kaiken ylös. Tähän asti tämä tapa on toiminut oikein hyvin.

Aiheen keksiminen ei todellakaan ole aina helppoa. Blogiani varten kirjaan ylös erilaisia ideoita aina, kun niitä tulee mieleen. Joitain olen työstänyt hiukan pidemmälle. Näitä aiheideoita sitten selaan läpi, kun on tarkoitus kirjoittaa seuraava päivitys.

Raivaan esteet

Tunnetuin esimerkki kirjoitusblokista lienee elokuvasta Hohto, jossa Jack Nicholsonin esittämä kirjailija ei saa inspiraatiota eikä kirjoittaminen edisty. Lopulta kirjailija menettää mielenterveytensä.

Vieläkin vallalla leijuu käsitys, että kirjoittaminen tapahtuu hurmostilassa, jota inspiraatioksikin kutsutaan. Kirjoittaja ajaa itsensä sellaiseen tilaan, että tekstiä saa vain valuttaa paperille tai tiedostoon. Hurmostilaan pääsemiseksi vaaditaan tarkat rituaalit. Joillekin se tarkoittaa istumista tietyssä nojatuolissa, täydellisen sämpylän syömistä, oikeanlaisen kahvin juomista tai pukeutumista tuttuun villatakkiin.

Minä en odota inspiraatiota. Raivaan kyllä tilaa, että pystyn keskittymään kirjoittamiseen. Nautin hiljaisuudesta. Aikaa pitää olla riittävästi kerrallaan, mutta montaa tuntia en pysty istumaan ja kirjoittamaan.

Monet kirjailijat kuvaavat sijaistoimintojaan eli sitä, mihin kaikkeen he ryhtyvät, kun pakoilevat kirjoittamista.

He järjestävät ullakon, pyyhkivät listojen päältä
pölyt, nyppivät koirankarvat nojatuolista, korjaavat
auton moottorin, keittävät hilloa.

Kaikenlaista muuta he saavat valmiiksi. Mutta sitä tekstiä ei synny.

Kirjoittaminen ON välillä tosi nahkeaa. Erästäkin omaa tekstiäni kirjoitin ja kirjoitin ja sain sen jotenkin valmiiksi, mutta en silti ollut tyytyväinen kokonaisuuteen. Pyysin palautetta. Sain hyviä muokkausehdotuksia, joista olin ihan samaa mieltä. Runnoin tekstin sitten melkein kokonaan uusiksi. Lopulta siitä tuli riittävän hyvä, ja olin itsekin tyytyväinen, mutta aikaa se vei. Siksi ei kannata kiirehtiä.

Sekin jännittää etukäteen, syntyykö tekstiä lainkaan. Silloin ajattelen, että mitä ikinä saankaan kirjoitettua, kaikki on kotiin päin. Jos olen ollut niin fiksu, että olen varannut runsaasti aikaa, yhden päivän blokki ei haittaa. Silloin kannattaa tehdä jotain ihan muuta, jotta jumi hellittää.

Metsäkävelyllä ajatus irtoaa

Herutan tekstiä usein kävelyllä, mielellään metsäisessä ympäristössä. Tämäkin teksti sai alkunsa lenkkipolulla. Syksyinen luonto tarjoaa aivan upeaa rauhaa. Minulla täytyy olla tilaa pohtia tekstiä. Tukkoisena en saa ajatuksia liikkeelle. Kävellessä hengitys kulkee, ja mieli rauhoittuu. Kuuntelen pelkästään luonnon ääniä. Saan hyvin jäsenneltyä päässäni asioita. Kun tulen kotiin, kirjoitan ne ylös.

Pyrin siihen, että en lue netistä tai muualtakaan kovin paljon samaa aihetta käsitteleviä tekstejä. Silloin voi käydä niin, että pullautan vahingossa omina ajatuksinani jonkun toisen mietteitä. Vaikutteita voi siis imeytyä alitajuntaisesti. Jos lainaan jonkun sanomista, kerron sen myös.

Arvostelu voi kirpaista

En tiedä, tottuuko siihen koskaan, että oman kuvan vieressä on oma teksti. Kun julkaisee omia tuotoksiaan, saa jatkuvasti tasapainoilla häpeän ja näkyväksi tulemisen kanssa. Kun jaoin yhden blogitekstini Facebookissa, sanoin, että haluan vain kivoja kommentteja. Lähdin lenkille ja luin kommentit vasta sen jälkeen. Facebook-kaverit onneksi noudattivat toivettani ja antoivat vain pehmeää palautetta.

Itseään pitää muistaa myös kannustaa ja kehua. Kirjoitusprosessin aikana annan itselleni palautetta: "Olet jo näin pitkällä, hyvä!" "Kohta tämä teksti on valmis. Sitten voit keittää kahvit." "Hienoa, kun tämä etenee aikataulussa."

Aina ei synny priimaa mutta julkaisukelpoista kuitenkin. Rimaa voi madaltaa. Minulle on tärkeämpää saada teksti valmiiksi määräaikaan mennessä kuin hinkata sitä loputtomiin.

Joskus jälkikäteen, kun lukee omaa tekstiään, voi kuitenkin todeta, että tämähän on ihan hyvä.

Rapatessa myös roiskuu. Virheitä ei kannata pelätä eikä täydellisyyteen pyrkiä. Pieni rosoisuus on minusta parempi kuin siloteltu täydellisyys. Mahdolliset mokat ja virheet voi oikaista myöhemmin.

POHDITTAVAA

Ahdistaako kirjoittaminen sinua?

Varaatko riittävästi aikaa kirjoittamiselle?

Voisitko kokeilla joitain yllä esitettyjä keinoja omaan kirjoittamiseesi?

Kieli herättää tunteita

Ärsyttääkö läpändeeros? Elikkäs, meikämandoliino, pauttiarallaa, asiasta kukkaruukkuun, herneitä sieraimistoon, palataan astiastoon, läpändeeros, masuasukki ja jaxuhali ovat esimerkkejä trendisanoista ja -sanonnoista, jotka keikkuvat kärkipäässä ärsyttävimpien ilmaisujen listalla.

Kun tiettyä sanaa tai hokemaa käytetään liikaa, se kuluu ja alkaa menettää uutuudenviehätystään. Aluksi virkistävää vaihtelua edustanut sana ei kestäkään jatkuvaa käyttöä. Kun ärsytyskynnys on saavutettu, on hyvä välttää muotisanan käyttämistä. Sitä en osaa sanoa, milloin tämä tapahtuu. Ehkä kannattaa seurata erilaisia kielipalstoja ja kuunnella kielenkäyttäjiä, mitkä sanat nostavat karvat pystyyn.

Toisto häiritsee ihan tavallistenkin sanojen kohdalla. Meillä kaikilla on erilaisia piintyneitä tapoja, joita emme edes tunnista. Kirjoitamme ja puhumme tietyllä tavalla ja käytämme meille tyypillistä kieltä. Omaa tyyliään on vaikea analysoida. Siksi joskus on hyvä saada palautetta omista teksteistään tai puheestaan, jotta voi kehittyä ja ainakin välttää maneereita ja toistoa. Harjaantunut silmä oppii korjaamaan viimeistelyvaiheessa toistuvat sanat, ilmaisut ja lauserakenteet.

Aina toisto ei tietenkään häiritse. Toistoa voi käyttää tarkoituksella. Voi rakentaa itsestään tiettyä mielikuvaa viljelemällä jotain omaperäistä sanontaa. Voi käyttää esimerkiksi sähköpostissa alkutervehdyksessä tai lopputoivotuksessa samaa ilmaisua.

Toisto voi siis olla tahallista tai tahatonta.

Tilkesanat kuuluvat puheeseen

Niinku, totanoinniin ja öö ovat puheessa usein käytettyjä tilkesanoja, jotka saattavat ärsyttää kuulijaa. Tilkesanat ovat kuitenkin tärkeitä, koska puhe rakentuu hetkessä eikä puhujalla ole koko ajan kirkkaana mielessä, mitä hän haluaa sanoa. Hän saa puheen muotoilulle aikaa, kun sanoo esimerkiksi öö. Varsinkin spontaanissa arkipuheessa tarvitaan miettimisaikaa ja miksei muutoinkin.

Tutkijatohtori Heidi Vepsäläinen sanoo Aristoteleen kantapäässä (radio-ohjelma), että niinkussa ärsyttää määrä, toisto ja puhujan asema. Toimittaja, poliitikko ja asiantuntija eivät siedä paljon niinkua. Ihmiset eivät pidä siitä, että haastatteluun tullaan valmistautumattomana ja käytetään niinkua. Vepsäläinen kuitenkin painottaa, että niinku ei ole änkytystä eikä tyhmyyttä vaan suunnittelua.

Niinkua on kutsuttu kielitieteessä
suunnittelupartikkeliksi.

Se on syntynyt spontaanissa keskusteluprosessissa, ja sillä on viesti kuulijalle. Oman ajatuksen pukemisessa sanoiksi vaaditaan miettimistä, ja siksi sanotaan niinku. Myös keskustelun sujuvuuden kannalta käytetään niinkua.

Ymmärretään siis tilkesanoja.

Kiritusvihreet ja epäselvyys ärsyttävät

Kirjoitusvirheet ovat monen mielestä tosi ärsyttäviä. Jos teksti vilisee virheitä, siitä on hankala saada selvää. Tämä vaikeuttaa sisällön ymmärtämistä. Minusta pitkässä tekstissä voi olla pari lyöntivirhettä, eikä se kaada koko tekstiä. Joku toinen taas ei kestä yhtäkään kirjoitusvirhettä.

Lauserakenteet ovat välillä niin pielessä, että merkitys muuttuu. Joku-pronomini viittaa edelliseen sanaan ja väärällä sanajärjestyksellä voi tulla hassuja tulkintoja. Verbivalinnoista alkaa tekemään -muoto herättää edelleen närkästystä, vaikka se on jo vuodesta 2014 ollut hyväksytty muoto.

Yhdyssanavirheet ovat kirjoitusvirheiden ärsyttävintä kastia. Äidinkielen tunneilla niitä käydään läpi ja tehdään harjoituksia, mutta jostain syystä yhdyssanat ovat monille valtavan hankalia oppia. Luulen, että englannin kieli vaikuttaa kykyymme hahmottaa, mitkä sanat kirjoitetaan yhteen ja mitkä erikseen. Yhdyssanasääntöjä on niin valtavasti, että niiden opetteleminen onkin oma työsarkansa. Onneksi apuna voi käyttää vaikka Kielitoimiston sanakirjaa, kun empii yhteen tai erikseen kirjoittamista.

Minua häiritsevät epäselvät muotoilut, joista ei ota tolkkua. Monesti sähköpostiviestit ovat sellaisia, että vaikka lukisi monta kertaa, ei tajua, mitä lähettäjä on tarkoittanut. Tässä kuvastuu kiire. Lähettäjä on nopeasti kirjoittanut viestin, eikä ole lainkaan miettinyt, onko se selvää suomea. Selkeä mieli tuottaa selkeää kieltä. Ensin pitää ajatella, mitä haluaa sanoa, ja vasta sitten kirjoittaa.

Miksi kieli herättää tunteita?

Miksi kielivirheet sitten ärsyttävät niin kovasti? Yksi syy saattaa olla huoli. Huoli siitä, että oma kielemme rapistuu ja rapautuu, koska sitä ei viitsitä kirjoittaa tai puhua ohjeiden mukaan. Näinhän se on: jos yhteisesti sovittuja ohjeita ei noudateta, emme kohta ymmärrä toisiamme.

Myös turvallisuudentunne saa kolauksen, jos jokin tuttu sana esiintyykin oudossa muodossa tai sitä käytetään jotenkin väärin.

20

Virheet ylipäätään ärsyttävät monia. Kielestä niitä on helppo havaita ja nyppiä. Saatamme jopa epäillä kielenkäyttäjän älykkyyttä, jos tämä käyttää kieltä "väärin".

Kieli tietenkin heijastaa aikaansa, ja sen kuuluukin muuttua kielen-käyttäjien keskuudessa. Siihen tulee väistämättä uutta sanastoa, ehkä uusia lauserakenteitakin.

Kun käytetään kieltä, myös kielimuoto ja tilanne vaikuttavat valittuun tyyliin. Onko kyseessä puhuttu kieli, somen kieli, sähköpostin kieli, asiakirjan kieli vai mikä? Lisäksi kohderyhmä vaikuttaa kielivalintoihin. Kenelle teksti tai viesti on tarkoitettu?

Se mikä puheessa, esimerkiksi murteessa, on ihan tavallista kielen-käyttöä, voikin olla kirjakielessä virheellistä.

Huolissaan ei kuitenkaan tarvitse olla, koska meillä on Kotimaisten kielten keskus (Kotus), jossa huolletaan suomea ja ruotsia sekä tarjotaan kansalaisille kieli- ja nimineuvontaa.

Kannustan tekemään kielihavaintoja ja herkistymään erilaisille tavoille käyttää kieltä. Kieli on todella kiinnostavaa!

Lue lisää aiheesta: https://areena.yle.fi/audio/1-2750116 Niinkuttelu ärsyttää

POHDITTAVAA

Minkälaiset asiat sinua ärsyttävät kielessä?

Käytätkö itse joitain muotisanoja tai muotisanontoja?

Kehity kirjoittajana

Puhekielen ja kirjakielen rajat ovat liudentuneet, ja yleiskielen osaaminen on heikentynyt. Työelämässä toimii parhaiten selkeä ja ymmärrettävä kieli. Siihen kannattaa panostaa.

Miten voi kehittyä ja tulla taitavaksi kirjoittajaksi? Mitään nopeaa oikoreittiä en tarjoa, mutta muutamia hyväksi havaittuja keinoja kylläkin. Ajatuksen pitää olla kirkas, kun alkaa suunnitella sanottavaansa. Pitää varata myös aikaa kirjoittamiselle. Erilaisten tekstien lukeminen kehittää kirjoitustaitoa. Kun havainnoi ympärillään olevia tekstejä, voi ottaa niistä opikseen. Ja tärkein: harjoittelemalla voi kehittyä.

Osaathan kirjoittaa yleiskieltä

Veikkaan, että monet meistä mukauttavat kielenkäyttöään tilanne- ja tapauskohtaisesti melko automaattisesti. Ehkä erotamme kaksi kielimuotoa: puhekielen ja kirjakielen.

Kielimuodot ovat lisääntyneet uusien viestintäkanavien myötä, ja niiden rajat ovat hämärtyneet. Nykyään kirjoitetaan aika vapaasti ja puhekielenomaisesti somessa. Virallisempia viestejä toivottavasti kirjoitetaan vähän harkitummin ja kirjakielellä.

Julkaisukynnys on somen myötä madaltunut, ja nyt kaikenlaiset äänet näkyvät ja kuuluvat monissa kanavissa. Aika ajoin herää huoli, osaammeko enää kirjoittaa kirjakieltä eli yleiskieltä.

Kotuksen sivuilla yleiskieli on määritelty näin:

"Yleiskieli on kielimuoto, jota käytetään esimerkiksi sanomalehtien, television ja radion uutisissa, oppikirjoissa, tietokirjoissa, asiakirjoissa, käyttöohjeissa ja tiedotteissa. Se on keskeisiltä muoto- ja rakennepiirteiltään tietynlaista kieltä, jota kirjoitetaan sovittujen sääntöjen mukaisesti. Yleiskieli on siinä mielessä yleistä, että sitä ymmärretään murrealueesta riippumatta; siihen on aikanaan poimittu piirteitä eri murteista. Yleiskieltä opitaan käyttämään koulussa. Yleiskielen sijasta käytetään joskus sanaa kirjakieli."

Yleiskieltä opetellaan koulussa ensimmäiseltä luokalta asti. Pienestä lapsesta kielimuoto voi tuntua aluksi vieraalta, mutta kun hän varttuu, ympärillä olevat tekstit avautuvat uudella tavalla. Jos yleiskieltä ei hallitse, jää sivistyksestä paitsi. Yleiskielen hallinta on jokaisen kielenkäyttäjän perustaito.

Moni on kokenut koulussa kirjakielen säännöt ja ohjeet velvoittavina, eivätkä ne ainakaan ole innostaneet heikkoa kirjoittajaa tuottamaan tekstejä.

Sähköposti vapautti kirjoittajat

Ennen sähköpostia ja somea meillä oli tiukempi raja puhutun ja kirjoitetun kielen välillä. Voisi sanoa, että käytössä oli kaksi kielimuotoa: puhekieli ja kirjakieli. Puhekieli oli luontaista, eikä siinä tarvinnut miettiä sääntöjä. Kirjakieli oli selkeästi sellaista kieltä, jota opeteltiin koulussa kirjoittamaan. Harvoin tuli mieleen kirjoittaa puhekielisesti. Sellaista saattoi nähdä kaunokirjallisuudessa, mutta silloin se oli rajoja rikkovaa kokeilevaa tyyliä.

Sähköpostin tultua 1990-luvulla kirjoittamisesta tuli vapaampaa. Sähköiseen viestintään sopi hieman rennompi tyyli. Puhekielenomainen kirjoitustapa oli sallittua. Viestintäkanavaa opeteltiin käyttämään ilman kunnollisia, yhtenäisiä ohjeita.

Edelleen opastus sähköpostin kirjoitustapoihin on puutteellista. Koulussa harvemmin opetetaan, miten kirjoitetaan sujuvia sähköpostiviestejä. Muistan eräänkin nuoren parikymppisen ylioppilaan kommentin, kun hän aloitti myyntitöissä toimistossa: "Kivaa päästä kirjoittamaan sähköposteja, kun en ole niitä ikinä kirjoittanut." Kun kysyin, annetaanko sulle ohjeita sähköpostiviestintään, vastaus oli ei.

Koulussa työelämän kirjoitustaitoja

Koulun kieliopetus jää monelle irralliseksi, koska sitä ei kytketä työelämässä tarvittaviin taitoihin. Miksei lukiossa voisi olla yhtenä vaihtoehtona Työelämän kirjoitustaidot -kurssia? Ammatillisessa koulutuksessa sentään harjoitellaan työelämässä tarvittavia taitoja.

Vahva ja monipuolinen kirjoitustaito on osaamisen pohja. Kirjoittajana voi aina kehittyä. Myös työnantajien vastuulla on huolehtia työntekijöiden riittävästä kirjoitustaidosta ja tarjota koulutusta.

Nykyään suurin osa viestinnästä hoidetaan sähköpostitse. Silloin täytyy luoda yhtenäinen linja, miten viestejä kirjoitetaan ja miten niihin vastataan. Usein ainoa ohje uudelle työntekijälle on yhtenäinen allekirjoitustapa.

Somekonsultin puhekieli

Seuraan somekonsultteja ja pienyrittäjiä, jotka tarjoavat erilaisia palveluita. Yllättävän monella on hyvin puhekielinen viestintätyyli. He puhuttelevat niin somessa kuin sähköpostissakin sä-muodossa ja kirjoittavat tekstiä puhekielisesti. Minua tämä vähän häiritsee, vaikka se saattaa olla harkittu tyylikeino. Kaikki eivät pidä siitä, että näkevät puhekieltä kirjoitettuna.

Esimerkiksi viranomaisten pitää palvella kansalaisia ymmärrettävällä kielellä. Se ei ole sallittua, että Posti heittäytyy liian tuttavalliseksi mäja sä-tyylillään niin kuin se teki muutamia vuosia taaksepäin.

Viestintäkanavia on nykyään niin runsaasti, että kieltä voi mukauttaa myös kanavan mukaan. Jos organisaatiolla on somekanavia tai chat, niin niissä voi viestiä hiukan rennommin. Itse en kyllä odota, että saisin pankin chatissa puhekielisiä vastauksia. Tai jos otan yhteyttä ammattiliittoni lakineuvontaan, hämmästyisin, jos sieltä tulisi viestiä tyyliin Moikkumoi, mä tuuppaan sulle kohta meiliä.

Ymmärrän sen, että tämä aika aiheuttaa viestijöille liikaa pohdittavaa, kun vaihtoehtoja on niin paljon.

> *Kuitenkin meidän kaikkien pitäisi osata kirjoittaa*
> *yleiskieltä, jotta pärjäämme yhteiskunnassa.*

Sen merkitystä ei voi aliarvioida.

Itse pitäytyisin asiakasviestinnässä asialinjalla ja korkeintaan mausteeksi valitsisin joitain persoonallisia keinoja, kuten toimintaan sopivia sanoja. Myös tervehdykset voisivat olla jotain alaan liittyvää.

Viranomaisetkin voivat viestiä yleiskielellä ystävällisesti ja kohteliaasti ja ymmärrettävästi. Läheisyyden vaikutelmaan ei tarvita puhekieltä.

Verohallinto sen sijaan on kerännyt kiitosta hauskalla someviestinnällään, joka on noteerattu ulkomailla asti. Kuluttajille on kerrottu veroasioista ymmärrettävästi somessa, mikä on lisännyt kiinnostusta veroja kohtaan. Humoristinen tyyli on pidetty pelkästään somessa. Verkkosivuilla asioista on edelleen kerrottu asiatyylillä. Viestintä on onnistunut.

Yleiskieli pitää ensin osata ennen kuin siitä voi siirtyä astetta rennompaan tyyliin. Viestin perillemeno on varmempaa, kun käyttää selkeää yleiskieltä.

Yleiskieli on se kieli, jota vaalimme ja josta huolehdimme.

Puolustan yleiskielen hallintaa vielä sillä, että kun osaamme kirjoittaa asioista selkeästi, viestit menevät paremmin perille. Asiatyylinen viesti ei herätä tunteita puolesta eikä vastaan, vaan siinä keskitytään asiaan ilman kikkailua ja turhia koristeita.

Lähde ja lisätietoa: Kotus, Yleiskieli ja sen huoltaminen

POHDITTAVAA

Kuinka hyvin hallitset yleiskielen?

Oletko törmännyt persoonallisiin viestintätyyleihin? Jos olet, onko viestintä onnistunut?

Millaista kieltä odotat viranomaisilta?

Selkeä mieli tuottaa selkeää kieltä

Ympärillämme on valtavasti tekstejä, jotka on usein kiireessä ja huolimattomasti laadittu. Julkaisukynnys on madaltunut, ja kuka tahansa voi nopeasti ladata tuotoksiaan nettiin. Tuloksena on kaikenkirjavia kirjoituksia, joiden sanoma on epäselvä.

Ennen kuin ryhtyy kirjoittamaan yhtään mitään, pitää miettiä, mitä haluaa viestiä. Mikä on pointti? Kenelle teksti on suunnattu? Mielen pitää olla selkeä, jotta saa tuotettua selkeää kieltä.

Tekstiluonnoksessa ei tarvitse olla vielä kunnollista jäsentelyä, vaan luonnos saa olla suttuinen töherrys. Siitä voi sitten poimia oleelliset asiat. Jos esimerkiksi kirjoittaa työkavereilleen sähköpostia, voi miettiä, nouseeko luonnoksesta joitain aiheita, jotka voisi ryhmitellä viestissä esimerkiksi omien alaotsikoiden alle.

Kun lukee hyvin kirjoitettua tekstiä, ei mieti sen enempää virke- tai lauserakenteita, pilkkuja, oikeinkirjoitusta, sanavalintoja tai esittämis-järjestystä, koska vain nauttii lukemisesta. Saa keskittyä pelkästään sisältöön, eikä tarvitse kompuroida oudoissa ilmaisuissa, epäselvissä rakenteissa tai kirjoitusvirheissä.

Selkeä kieli on helppotajuista ja ymmärrettävää. Virkkeet ja lauseet ovat sopivan pituisia ja vaihtelevia. Ne tuovat tekstiin rytmiä. Selkeä kieli on ymmärrettävää ja havainnollista, mutta sen ei silti tarvitse olla tylsää. On lupa käyttää innostavia ilmauksia, värikkäitä verbejä ja kiinnostavaa kieltä, jos se suinkin sopii käyttötarkoitukseen.

Listat helpottavat luettavuutta

Luettavuutta on helppo lisätä listoilla ja luetteloilla. Esimerkiksi sähköpostissa voi hyvin jäsennellä kysymykset allekkain, jolloin ne hahmottaa yhdellä silmäyksellä.

Hei Marja

Mukavaa kun saan kirjoittaa blogia. Minulla on mielessä neljä kysymystä.

1) Minkälaisia aiheita toivot?

2) Kuinka pitkiä tekstien pitää olla?

3) Miten editoit tekstejä?

4) Saako teksteihin lisätä kuvia?

Jos saan vastaukset viimeistään perjantaina 19.3., minä kiitän.

Asia on esitetty lyhyesti ja ytimekkäästi. Vastaanottaja näkee heti, mihin häneltä odotetaan vastauksia. Hän voi naputella ne suoraan viestiin. Jopa deadline on kerrottu.

Soisin, että listoja ja luetteloita hyödynnettäisiin enemmänkin. Silmäiltävyys ja tarttumakohdat lisäävät luettavuutta ja sisällön ymmärtämistä.

Vaikea rakenne jarruttaa ymmärtämistä

Kotus eli Kotimaisten kielten keskus on määritellyt selkeän kielen näin:

"Ilmauksella selkeä kieli tarkoitetaan yleensä kielenkäyttöä, joka on ilmaisultaan selkeää, havainnollista ja suhteellisen helposti ymmärrettävää. Kaikkien kielenkäyttäjien olisi hyvä osata viestiä selkeästi ja tilanteen mukaisesti."

Jos teksti näyttää päällisin puolin virheettömältä, mutta sitä on silti vaikea ymmärtää, syy saattaa löytyä lauserakenteista. Pahimmat jarrut tekstin ymmärtämisessä ovat substantiivityyli, lauseenvastikkeet ja pitkät määriteketjut. Näitä käytetään usein kapulakielessä, joka on vaikeaselkoista virkakieltä.

Pitkissä asiapitoisissa teksteissä substantiivityyli on usein vallitseva. Se hidastaa lukemista ja vaikeuttaa ymmärtämistä. Substantiivityyli latistaa lauseet, koska substantiivi on ottanut verbin paikan. Esimerkiksi: *suoritetaan valvontaa*, kun tulisi sanoa *valvotaan* tai *tapahtuu havaitsemista*, kun pitäisi sanoa *havaitaan*. Suomen kielessä verbi on lauseen ydin, mikä on hyvä muistaa.

Kirjoitetussa kielessä käytetään paljon lauseenvastikkeita, koska ne tiivistävät tekstiä. Lauseenvastikkeita pitäisi käyttää harkitusti, sillä ne pidentävät lauseita ja merkitys voi jäädä epäselväksi. Esimerkiksi: *kuulin hänen tulevan toimistoon*, kun olisi selkeämpää sanoa *kuulin, että hän tuli toimistoon.* Jos sivulauseella asian saa sanottua ymmärrettävästi, sitä kannattaa suosia.

Pitkät määriteketjut tekevät tekstistä raskasta luettavaa. Erityisesti uutisissa – sekä lehdissä että televisiossa ja radiossa – on tapana tiivistää otsikkoon oleellinen asia käyttämällä määriteketjuja. Pääsanan edessä on runsaasti sitä kuvaavia määritteitä tähän tapaan: *Enkelihoitoja kodissaan antanut 60-vuotias akateeminen seitsemän lapsen äiti on kadonnut.* Esimerkissä on peräti yhdeksän sanaa määrittelemässä äitiä.

Kun nämä kolme jarrua tunnistaa ja välttää niitä, tekstistä saa paljon sujuvampaa luettavaa. Näistä jarruista on kerrottu lisää sivulla 45 Eroon kapulakielestä.

Lukeminen kehittää

Kun lukee hyvää kaunokirjallisuutta, tuntuu, että teksti soljuu miellyttävästi eteenpäin. On nautinto lukea koukuttavaa romaania, joka vie mennessään. Kielen nyansseja voi ehkä pysähtyä välillä ihastelemaan.

Hyvää kirjoitustaitoa voi pitää yllä lukemalla paljon.

Kieli porautuu alitajuntaan ja vaikuttaa myös kirjoittamiseen. Jos tarvitsee kirjoittaa jokin työteksti, voi lämmitellä ensin lukemalla romaania. Liian helposti meihin tarttuu salamyhkäinen työssä käytetty kankea kieli, jota ymmärtääkseen pitää purkaa lauseenvastikkeita, hakea verbejä ja etsiä pointtia.

Yksinkertainen on kaunista. Kun sanoo tai kirjoittaa asiat niin kuin ne ovat, ilmaisu on selkeää. Ei tarvitse kiertää jostain kaukaa ennen kuin saapuu perille. Selkeät viestit menevät perille ja saavat vastaanottajassa aikaan toivotun reaktion. Hän ymmärtää sanoman ja toimii tarvittaessa siinä esitetyllä tavalla.

Kuinka paljon käytät aikaa tekstin suunnitteluun?

Hyödynnätkö teksteissä listoja ja luetteloita?

Luetko kaunokirjallisuutta?

Näin kehität kielitaitoasi

Osallistuin keväällä 2021 Suomen kielen tulevaisuus -seminaariin. Sieltä mieleeni jäivät nämä sanat: "Suomen kieltä ei uhkaa mikään. Kielen puhujien pitää itse arvostaa suomen kieltä."

Meillä on rikas ja ilmaisuvoimainen kieli. Jotta siitä saa kaiken hyödyn irti, kannustan sinua kehittämään omaa kielitaitoasi. Valitse seuraavasta listasta sinulle sopivat vaihtoehdot.

Lue, lue, lue

Helpoin tapa kehittää passiivisesti kieli- ja kirjoitustaitoaan on lukea paljon. Kirjoja, uutisia, aikakauslehtiä, someteksteja. Pääasia on, että luet. Yksi hyvä kielenrikastuttaja on muuten Aku Ankka, joka on niittänyt vuosien saatossa kiitosta hienosta kielestään. Kun lukee jälkipolville ääneen, saa harjoitusta siinä sivussa. Meillä luettiin aikanaan Harry Pottereita, ja niiden suomentaja Jaana Kapari-Jatta on palkittu oivaltavista suomennoksistaan.

Herkisty teksteille

Valmiita tekstejä kannattaa joskus tutkailla tarkemmin. Onpa hyvin kirjoitettu tarjous. Ohjeet on esitetty selkeästi. Miten ihana lause! Aivan loistava synonyymi. Nokkela ilmaus. Vastaavasti huonosti kirjoitettuja tekstejä voi ihmetellä ja miettiä, mitä kirjoittaja on tarkoittanut tai mikä on mennyt vikaan.

Kerää talteen esimerkkejä

Kun toimivia tekstejä osuu kohdalle, niitä kannattaa kerätä itselleen talteen. Kohtelias maksumuistutus, selkeät ohjeet, houkutteleva kutsu ja kiinnostava tiedote ovat esimerkkejä hyvin laadituista teksteistä. Niistä voi ottaa mallia, kun laatii vastaavaa tekstiä, mutta ei saa kopioida suoraan.

Hanki apuvälineitä

Kotimaisten kielten keskus eli Kotus tarjoaa runsaasti sähköisiä apuvälineitä. Onhan sinulla jo käytössäsi Kielitoimiston sanakirja? Sieltä on näppärä tarkastaa sanojen kirjoitusasu tai taivutus tai käyttöyhteys. Kielitoimiston ohjepankki on toinen tärkeä apuväline, kun etsii tietoa yhdyssanoista, lyhenteistä tai melkein mistä tahansa kielen-huoltoasiasta. Apuvälineistä on kerrottu tarkemmin sivulla 89.

Seuraa kieltä

Yksi keino kielitaidon ylläpitämisessä on seurata, mitä kaikkea kielessä tapahtuu. Onko tullut uusia suosituksia? Onko jokin aiemmin paheksuttu kirjoitustapa nykyään hyväksytty? Suosittelen, että tilaat ainakin Kotuksen uutiskirjeen ja Kielikellon uutiskirjeen. Kutsun sinut tilaamaan myös Elämänpuu-blogini uutiskirjeen.

Pyydä ja anna palautetta

Palautteen pyytäminen omista teksteistäsi auttaa muokkaamaan niitä. Työpaikalla voisi välillä miettiä yhdessä, minkälaisia kirjoituskäytäntöjä on. Miten puhuttelemme asiakkaita? Miten aloitamme viestit? Miten lopetamme? Ylipäätään on hyvä näyttää omia tekstejään muille ja kysyä, välittyykö sanoma tai toimiiko teksti.

Myös palautteen antaminen kehittää kirjoitustaitoa. Silloin oppii katsomaan tekstiä lukijan silmin ja kertomaan kirjoittajalle, mikä toimii ja mitä voisi muokata. Parhaimmillaan molemmat oppivat ja lopputulos palvelee entistä paremmin lukijaa.

Kirjoita, kirjoita ja kirjoita

Kirjoita paljon kaikenlaisia tekstejä. Ei ole väliä, onko kyseessä somepäivitys, sähköpostiviesti tai vaativampi asiakirja. Pääasia, että kirjoitat. Ja mieti samalla, mitä ja miten kirjoitat. Pyri kirjoittamaan mahdollisimman selkeästi.

Hyödynnä oppaita

Mene kirjastoon ja katso millaista tarjontaa on Suomen kieli -hyllyssä. Saatat innostua etunimistä, sananlaskuista, kirosanoista, synonyymeistä, murteista tai kielimokista. Tutustu näihin teoksiin ja lavenna kielitietouttasi. Toki suosittelen myös hankkimaan kirjoittamisen oppaita. Jos sinulla on lapsia, niin kurkkaa välillä, minkälaisia äidinkielen kirjoja heillä on. Niistäkin oppii.

Suhtaudu suopeasti

Kun laajennat kielitietouttasi, alat huomata kielessä kiinnostavia vivahteita ja erilaisia tapoja käyttää sitä. Sen sijaan että paheksumme suositusten vastaista käyttöä, voimme pysähtyä hetkeksi ja pohtia, onko kyseessä kenties jokin isompi ilmiö.

Pohdittavaa

Oliko edellä joitain sinulle sopivia keinoja kehittää kielitaitoasi? Jos oli, otatko ne käyttöön?

Selkokieli on oma kielimuoto

S elkokieli on eri asia kuin selkeä kieli. Selkokieli on helppoa suomen kieltä.

Selkokielen tarve on kasvanut viime vuosina, mihin on monia syitä. Väestö ikääntyy, joten muistisairaudet lisääntyvät. Maahanmuuttajia on aiempaa enemmän. Heikkoja lukijoita on enemmän kuin aiemmin, ja esimerkiksi nuorten lukutaito on heikentynyt.

Mitä selkokieli sitten oikein on?

Tässä selkokielen määritelmä suoraan Selkokeskuksen sivuilta:

"Selkokieli on suomen kielen muoto, joka on mukautettu sisällöltään, sanastoltaan ja rakenteeltaan yleiskieltä luettavammaksi ja ymmärrettävämmäksi. Se on suunnattu ihmisille, joilla on vaikeuksia lukea tai ymmärtää yleiskieltä."

Selkokielestä hyötyvät ihmiset, joiden kielitaito on heikompi kuin muilla. Esimerkiksi maahanmuuttajat ja muut, joiden äidinkieli ei ole suomi, ymmärtävät paremmin selkokieltä. Myös ihmiset, joilla on kehitysvamma, lukivaikeus tai muistisairaus hyötyvät selkokielestä.

Arviolta selkokieltä tarvitsee Suomessa noin 11 prosenttia kansalaisista, mikä tekee 650 000–750 000 henkilöä. Aika paljon minusta.

Selkokielen pitäisi olla jokaisen kirjoittavan asiantuntijan repertuaarissa, sanotaan eräässä selkokielen webinaarissa. Hieno tavoite, mutta kun edes selkeitä sähköposteja ei aina osata kirjoittaa, niin miten sitten selkokielisiä tiedotteita.

Olen opiskellut selkokieltä yhden lyhytkurssin verran, mikä ei tee minusta vielä selkokielen taitajaa. Ymmärsin kurssilla, että selkokielen tuottaminen vaatii paljon työtä.

Vaikea kieli estää ihmistä toimimasta yhteiskunnassa. Jos hän ei ymmärrä lukemiaan ohjeita, ei hän myöskään osaa toimia niiden mukaan. Selkokielen tarkoitus on auttaa ihmisiä toimimaan.

Kirjoitettu selkokieli

Suomessa on kehitetty selkokirjoitusohjeita jo 1980-luvulta asti. Ohjeissa korostetaan sitä, mikä on selkolukijalle helppoa ja mikä vaikeaa.

Selkotekstejä voi kirjoittaa suoraan tai sitten lähtötekstiä voi muokata selkokielelle.

Lisäksi pitää miettiä selkotekstin viestinnällistä tehtävää. Esimerkiksi selkouutinen on toisenlainen teksti kuin viranomaisen tiedote. Selkokirjoittajan on otettava huomioon, mistä tekstilajista hänen tekstissään on kyse.

Puhuttu selkokieli

Selkokielinen puhe auttaa keskustelijoita ymmärtämään toisiaan ja rohkaisee keskustelijoita osallistumaan. Selkokielen kirjoitusohjeita voi osittain hyödyntää myös puheessa. Puhuttu kieli on kuitenkin nopeatempoisempaa, ja puheessa kielelliset valinnat pitää tehdä sekunneissa.

Myös puhetilanne vaikuttaa käytettyyn kieleen. Viranomaisen kanssa käytetään erilaista kieltä kuin ystävän kanssa jutellessa tai ravintolassa. Onneksi vuorovaikutustilanteissa on helppo kysyä, jos ei ymmärrä, mitä toinen tarkoittaa.

Yle lähettää uutisia selkosuomeksi päivittäin. Joskus kuuntelen puolella korvalla tavallista uutislähetystä, enkä muista kuulemastani juuri mitään. Silloin on helpotus, kun tavallisten uutisten perään tulee selkouutiset. Niistä viimeistään ymmärtää, mitä maailmalla on tapahtunut. Uutistenlukija artikuloi selkeästi ja hitaasti.

Lähteet

https://selkokeskus.fi/

Selkokielen webinaari 12.8.2020 Tiedekulmassa

Kelan sivut selkokielellä https://www.kela.fi/web/selkokieli/selkokieli

POHDITTAVAA

Oletko lukenut selkokielisiä tekstejä tai kuunnellut selkouutisia?

Tiesitkö, että meillä on myös selkokielistä kirjallisuutta?

Eloa teksteihin: jäsentele ja elävöitä

Harkittu jäsentely tekee tekstistä ryhdikästä luettavaa. Asiat etenevät loogisesti. Selkeä ja ymmärrettävä kieli toimii. Sitäkin voi maustaa elävällä ilmaisulla ja värikkäillä sanoilla, jos käyttötarkoitus sen sallii. Somessa ja markkinointiteksteissä sopii yleensä kokeilla rohkeampaa kieltä.

Viisi vaihtoehtoa jäsentää teksti

Tekstin vaikeaselkoisuus saattaa johtua siitä, että kirjoittaja on vyöryttänyt ajatuksenjuoksuaan tekstiksi miettimättä sen enempää jäsentelyä. Ymmärrettävyyden ja luettavuuden kannalta on pahinta, jos tekstissä poukkoillaan asiasta toiseen. Tärkeä neuvo kirjoittajalle onkin: Ole johdonmukainen ja esitä asiat jossain loogisessa järjestyksessä.

Esittelen viisi erilaista jäsentelyehdotusta.

1. Tiedote – tärkein asia ensin

Tiedotteen rakennetta voi verrata kärjellään seisovaan kolmioon. Tärkein ja painavin asia kerrotaan ensin. Tämä jäsentelytapa sopii moneen tekstiin. Tiedotteiden lisäksi monissa sähköpostiviesteissä voi hyödyntää kärkikolmiorakennetta. Silloin lukija saa heti tarvittavan tiedon tekstin alussa. Jos ja kun hän lukee eteenpäin, tietoa tarkennetaan ja taustoitetaan.

Kirjoittaja joutuu tietenkin miettimään, mikä hänen viestissään on keskeistä ja minkä hän sijoittaa alkuun. Jos kertoo tulevasta piharemontista, vastaanottaja haluaa varmasti ensimmäiseksi tietää, milloin se alkaa ja mitä siinä tehdään.

2. Aihepiireittäin

Kun kyseessä on laajempi teksti, aihepiirijärjestys on yksi hyvä tapa jäsentää sitä. Monessa esitteessä tai oppaassa asiat on esitetty aihepiireittäin. Pitkissä sähköpostiviesteissä voisi myös useammin esittää asioita aiheittain ja käyttää väliotsikoita. Uutiskirjeissä on usein esitetty asioita aihepiireittäin.

Kirjoittaja poimii tekstistään keskeiset aiheet ja ryhmittelee tekstiä niiden alle.

3. Aikajärjestyksessä

Kun selostetaan tapahtumien kulkua, on luontevaa käyttää aikajärjestystä. Kokouksen pöytäkirjassa tai muistiossa esitetään asiat siinä järjestyksessä, kun ne on kokouksessa käyty. Esityslista kertoo järjestyksen, jonka mukaan edetään.

Jos ryhmittelee piharemontin etenemisvaiheita, voi olla hyvä käyttää väliotsikoita, joissa kerrotaan ajankohta ja mitä silloin tapahtuu. Maaliskuussa suunnitellaan, huhtikuussa tehdään pohjatyötä, toukokuussa istutetaan ja niin edelleen. Lukijan on helppo seurata etenemistä.

Hyvä esimerkki aikajärjestyksestä ovat ruokareseptit. Niissä kerrotaan vaiheittain, miten ruoka valmistetaan.

4. Vastakohtien esittely

Kun esitellään esimerkiksi kaksi vaihtoehtoa, voi ottaa käyttöön vastakohtajärjestyksen. Kummankin vaihtoehdon kohdalle voi listata hyviä ja huonoja puolia. Lukija saa eriteltyä tietoa ja osaa tehdä päätöksen helpommin.

Jos työpaikalla verrataan kahta palveluntarjoajaa, voidaan listata näiden ominaisuuksia. Mitä on tarjolla? Kuinka paljon maksaa? Mitä hyötyä saadaan?

5. Ongelmanratkaisu

Kun tiedotteessa mennään suoraan asiaan, ongelman-ratkaisujäsentelyssä kerrotaan ensin tarkasti taustoja ennen kuin ratkaisu esitetään. Tutkimusraporteissa tämä rakenne on tyypillinen. Kiireinen lukija saa käsityksen tutkittavasta aiheesta, kun lukee johdannon ja sen jälkeen yhteenvedon. Mutta perusteellisemman käsityksen saa, kun lukee raportin kokonaan.

Tämä jäsentelymalli on omiaan pitkiin teksteihin. Myös pitkissä lehtijutuissa voi hyödyntää tätä rakennetta.

Minkälaisia kappaleita?

Käytitpä minkälaista jäsentelyä tahansa, ryhmittele asiat niin, että yhdessä kappaleessa on yksi asia. Tämä on hyvä nyrkkisääntö. Kappaleet saavat olla vaihtelevan pituisia, jotta tekstissä on rytmiä. Mukana voi siis olla pitkiäkin kappaleita, joissa on monta virkettä ja toisaalta taas vaikka vain yhden virkkeen pituisia kappaleita.

Väliotsikoita on hyvä viljellä riittävästi. Listat ja luettelot auttavat lukijaa hahmottamaan sisältöä.

Selkeä mieli ja selkeä kieli auttavat hahmottamaan sanottavan ja järjestämään sen lukijalle siten, että lukeminen on miellyttävää ja että asiat löytyvät vaivatta.

Lähteenä on käytetty Tekstintekijän käsikirjaa (Katariina Iisa, Salli Kankaanpää, Aino Piehl)

Miten jäsennät yleensä tekstisi?

Mieti kunkin jäsentelyehdotuksen kohdalla, missä voisit itse käyttää kyseistä tapaa.

Neljä neuvoa asiantuntijalle – näin kirjoitat kiinnostavasti

Harvassa ovat ne ammatit, joissa ei tarvitse lainkaan kirjoittaa. Sen sijaan tiedän paljon ammatteja, joissa kirjoittaminen on kiinteä osa työnkuvaa, vaikka sitä ei ehkä tulisi ajatelleeksi. Esimerkiksi varhaiskasvatuksen opettajat laativat päiväkodeissa erilaisia kuvauksia ja raportteja. Isännöitsijät pyörittävät kokousasiakirjoja sekä laativat tarjouspyyntöjä ja tarjouksia. Yrittäjät hoitavat itsenäisesti viestintää.

Monet asiantuntijat joutuvat tai saavat kirjoittaa myös luovempia tekstejä, kuten blogikirjoituksia, kolumneja, pääkirjoituksia ja niin edelleen. Tyypillisesti näitä tekstejä laativat ammattikirjoittajat, kuten toimittajat.

Asiantuntija on oman alansa ammattilainen. Kielitoimiston sanakirjan mukaan hän on *henkilö, jolla on asiantuntemusta, erikoistuntija, ekspertti, spesialisti; vars. henkilö, jolta asiantuntemuksen perusteella pyydetään lausunto jstak.*

Usein asiantuntija on tottunut kirjoittamaan muille oman alansa asiantuntijoille tekstejä, joissa voi käyttää erikoissanastoa. Usein nämä ammattitekstit tai tutkimukset ovat tieteellistä tekstiä, jossa on vaikeita lauserakenteita ja monipolvisia ilmaisuja. Tekstejä ei ole kirjoitettu isolle yleisölle, vaan tietyn alan asiantuntijoille. Sen tähden kielikin on erikoiskieltä.

Hankalaa virkakieltä kutsutaan myös kapulakieleksi. Kömpelöön kapulakieleenkin tottuu. Mutta sillä ei saavuteta suurta yleisöä. Selkeä kieli tulee mukaan kuvioihin viimeistään silloin, kun halutaan tavoittaa enemmän ihmisiä ja ennen kaikkea halutaan, että tekstiä luetaan ja että se kiinnostaa yleisöä.

Blogitekstiä, kolumnia tai pääkirjoitusta ei voi kirjoittaa samaan tapaan kuin tieteellistä artikkelia.

Muilta kuin kielen asiantuntijoilta ei voi vaatia ammattikirjoittajan tasoa tai taitoa, mutta muutamia keinoja noudattamalla teksteistä saa kiinnostavaa ja koukuttavaa luettavaa.

1. Rajaa aihe

Jos ja kun sinua pyydetään kirjoittamaan blogiteksti, pääkirjoitus tai kolumni, pohdi aihe tarkkaan. Saattaa olla niinkin, että aihe tulee annettuna. Jos saat itse päättää aiheen, mieti, mikä kiinnostaa kohderyhmää. Ajattele laajasti. Älä mieti lukijoina vain kollegoita vaan mieti, miten aiheesi kiinnostaisi laajempaa joukkoa ihmisiä.

Jos pyydetään kirjoittamaan energian säästämisestä, älä käsittele kaikkea siihen kuuluvaa, vaan keskity esimerkiksi lämpimän veden säästämiseen. Mieti tarkkaan etukäteen, mikä on pointtisi, ja pysy siinä. Älä lähde laukalle.

Yhtä lailla kuin rajaat aiheen, rajaa myös pituus. Kysy, onko tekstille määrämittaa. Jos on, pitäydy siinä. Painetussa lehdessä on hankala loihtia lisätilaa tekstille, jos sille on varattu tietty osuus lehdestä. Siksi sinulta ei turhaan pyydetä 2 000 merkin pääkirjoitusta. Ja voin kertoa, että tuohon pituuteen ei kovin lennokasta tarinaa pysty kertomaan. Pitää olla tiivis ja ytimekäs teksti.

Olen kerran vastaanottanut 10-sivuisen blogitekstin. En tiedä, mikä meni vikaan, kun lähetin kirjoitusohjeet. Mutta joskus asiantuntijan on hyvin vaikea kertoa vaikkapa tutkimuksestaan ihan vaan ohut siivu, koska aihe on niin laaja. Tietenkin tutkimuksen aihe on laaja, mutta sitäkin voi rajata. Tiivistäminen ja näkökulman valitseminen on hankalaa, mutta tutkimuksesta kiinnostuneet kaivavat kyllä koko julkaisun luettavakseen, jos siitä kiinnostuvat.

2. Ole havainnollinen

Mahdollisimman havainnollinen kuvaus käsiteltävästä aiheesta tuo sen lähelle lukijaa ja herättää mielenkiinnon. Jos kuvaat lämpimän veden säästökeinoja, kerro konkreettisesti, miten vettä voi säästää. Onko suihkun maksimipituus nykyään 5 minuuttia entisten 20 minuutin sijaan? Kuinka paljon vettä säästyy litroissa, entä euroissa? Miten vedenkulutusta voi seurata? Kuinka paljon energiaa pyykinpesukone tai astianpesukone vie? Miten niiden kulutusta voi seurata?

Kerro esimerkkejä ja vie lukija mahdollisimman lähelle ruohonjuuritasoa. Mene lukijan maailmaan ja esittele käytännönläheisiä keinoja, miten säästää energiaa.

3. Käytä kansantajuista kieltä

Tutkimuksissa käytetään usein kankeaa kapulakieltä ja vaikeita lause-rakenteita. Ennen kuin alat kirjoittaa vapaamuotoisempaa tekstiä, voit virittäytyä oikealla taajuudelle lukemalla romaania tai hyvin kirjoitettua aikakauslehden juttua. Lue pitkiä pätkiä, niin kieli notkistuu alitajuisesti. Tämän jälkeen voit alkaa muotoilla omaa tekstiäsi.

Käytä riittävän lyhyitä päälauseita ja paljon sivulauseita. Jos sivulauseita on vähän, joukossa on usein paljon lauseenvastikkeita, jotka tiivistävät tekstiä ja tekevät siitä hidasta luettavaa. Neuvoni on, että aina kun voit käyttää sivulausetta, käytä sitä. Tekstiä on mukavampi lukea. Kappaleiden pitää olla myös sopivan pituisia, ei liian pitkiä. Jos voit käyttää väliotsikoita, ota ne mukaan. Silmä hakee tekstistä tarttumakohtia, kuten nostoja ja otsikoita. Pääotsikko on ensimmäinen koukku, johon lukija tarttuu, jos tarttuu. Varaa aikaa, kun muotoilet sitä.

Kansantajuinen, selkeä teksti palvelee lukijaa. Joskus on helpompi puhua sanottavansa ääneen ennen kuin kirjoittaa. Voit tallentaa puheesi ja purkaa sen sitten paperille.

4. Suosi värikkäitä sanoja

Aivan viimeistelyvaiheessa suosittelen, että viivyt yksittäisten sanojen parissa. Pohdi vaihtoehtoja usein toistuville sanoille, jotta tekstiin ei jää liikaa toistoa. Käy läpi verbejä, onko niissä voimaa. Apuna voit käyttää Kielitoimiston sanakirjaa tai synonyymisanakirjaa. Ilmaisuvoimaiset verbit antavat jo särmää tekstille. Kun mietit muitakin sanavalintoja, tekstiin tulee eloa.

Päästä irti muodollisesta asiantuntijan roolistasi ja
koukuta lukija!

POHDITTAVAA

Oletko kirjoittanut blogitekstiä tai muuta vapaamuotoisempaa tekstiä? Jos olet, miten hyödyntäisit ohjeita?

Rikastuta kieltäsi

Kun haluat ilmaisuun lisää särmää, annan pari vinkkiä, miten voit rikastuttaa kieltäsi.

Pyri kertomaan asiastasi mahdollisimman havainnollisesti. Pysy ruohonjuuritasolla. Käytä esimerkkejä ja kerro tarinoita.

Seuraavissa esimerkeissä esitetään kiitokset projektiin osallistuneille. Kumpi tyyli on havainnollisempi?

> Tätä projektia oli mukava tehdä. Kaikki osallistuivat hienosti. Saimme valmista määräajassa. Kiitos tiimille!

> Puhelimeni soi kesken juoksulenkin. Minua pyydettiin toteuttamaan uuden yrityksen visuaalinen ilme. Olin haltioissani. Sain tueksi upean tiimin, jossa oli sekä luovia osaajia että tarkkoja suunnittelijoita. Erityiskiitokset harjoittelijalle, joka toteutti ainutlaatuiset kuvitukset. Kiitos ihan jokaiselle mahtavasta työstä!

Verbi on lauseen ydin

Suomen kielessä lause rakentuu verbin ympärille. Minkälaisia verbejä tekstissäsi on? Kun tarkkailet verbivalintoja etkä tyydy ensimmäiseen mieleen tulevaan vaihtoehtoon, saat ilmaisuun enemmän voimaa.

Vertaa näitä:

> Asiantuntija kertoi uutisen. / Asiantuntija pärskäytti uutisen.

> Projekti aloitetaan huomenna. / Projekti polkaistaan käyntiin huomenna.

> Suunnitelma pitää saada valmiiksi iltaan mennessä. / Suunnitelma raavitaan kasaan iltaan mennessä.

> Asiakas olettaa, että esitys valmistuu viikossa. / Asiakas otaksuu, että esitys purkitetaan viikossa.

Verbin valinta vaikuttaa koko lauseeseen. Toki monesti on kyseessä tyyliseikka, minkälaisessa yhteydessä teksti esiintyy. Jos kyseessä on kovin asiapitoinen teksti, suosittelen varmaa ja vähän laimeampaa ilmaisua, mutta jossain vapaamuotoisessa tilanteessa voi käyttää ilmaisuvoimaisempaa verbiä.

Samaan tapaan voit käydä läpi tekstin muita sanoja. Löytyisikö vaihtoehtoja tavallisille ilmauksille? Kokeile esimerkiksi synonyymit.fi-sivustoa tai jotain synonyymisanakirjaa.

Somessa on helppo kokeilla, koska siellä kieli on vapaampaa ja tekstien elinkaari on lyhyt.

Jos haluat erottua tekstimassasta, vältä varmaa tyyliä. Luovu latteista lauseista. Ole rohkea ja kokeile!

POHDITTAVAA

Miten sinä rikastutat kieltäsi?

Eroon kapulakielestä

Kapulakielellä tarkoitetaan vaikeaselkoista (virka)kieltä (Lähde: Kielitoimiston sanakirja). Kapulakieli on nimensä mukaisesti ilmaisultaan kankeaa. Siinä on käytetty ylipitkiä virkkeitä, passiivia, hankalia termejä, lauseenvastikkeita, substantiivityyliä ja pitkiä määriteketjuja.

Kapulakielen vastakohtana on selkeä kieli, joka on helppolukuista ja ymmärrettävää.

Kotus on määritellyt selkeän kielen näin:

"Ilmauksella selkeä kieli tarkoitetaan yleensä kielenkäyttöä, joka on ilmaisultaan selkeää, havainnollista ja suhteellisen helposti ymmärrettävää. Kaikkien kielenkäyttäjien olisi hyvä osata viestiä selkeästi ja tilanteen mukaisesti."

Kapulakieli on usein pinnalta virheetöntä. Siinä on harvoin lyöntivirheitä tai muutakaan silmiin pistävää "virhettä". Tekstistä ei vaan saa tolkkua, vaikka sitä lukisi kuinka monta kertaa, koska ilmaisu on niin koukeroista.

Kapulakielen merkkejä: substantiivityyli, lauseenvastikkeet ja määriteketjut

Pureudun tarkemmin kolmeen kapulakielen ominaisuuteen: substantiivityyliin, lauseenvastikkeisiin ja pitkiin määriteketjuihin.

Substantiivityyli

Substantiivityylissä substantiivi ottaa verbin tehtävän. Mukaan tulee täytesanoja, kuten *avulla, puolella, suhteen, kohdalla, osalta, taholta, toimesta, puitteissa, kannalta*. Substantiivityylissä esiintyy usein minen-

45

päätteitä: *tekeminen, tukeminen, päättyminen, ennustaminen*, jotka on johdettu verbeistä *tehdä, tukea, päättyä, ennustaa*.

Esimerkkejä substantiivityylistä

Esittelen kolme aitoa esimerkkiä kankeasta tekstistä. Ehdotan tilalle selkeämpää muotoilua.

Potilaan osallistaminen sekä potilaan tuottaman tiedon hyödyntäminen hoitopäätöksissä puolestaan lisää tutkitusti hoidon vaikuttavuutta ja vähentää järjestelmää kuormittavaa häiriökysyntää.

-> Hoito vaikuttaa tutkitusti paremmin, kun potilas pääsee itse osallistumaan hoitopäätöksiin ja kun niissä hyödynnetään potilaan tuottamaa tietoa. Tämä vähentää myös häiriökysyntää, joka kuormittaa järjestelmää.

Kalliosydämeen kairaaminen kertoo Salon seudun sopivuudesta Tunnin junan monille tunneleille

-> Salon seutu sopii Tunnin junan monille tunneleille, koska alueen kalliosydämeen voi kairata

Heikompi työhyvinvointi on yhteydessä haluun tehdä jatkossa enemmän etätöitä. Vastaavasti työn voimavarat ovat yhteydessä haluun tehdä nykyistä vähemmän etätöitä.

-> Jos työhyvinvointi on heikko, työntekijä haluaa tehdä enemmän etätöitä. Jos työntekijän ja työyhteisön hyvinvointi on kunnossa, työntekijä haluaa tehdä vähemmän etätöitä.

Lauseenvastikkeet

Lauseenvastikkeet tiivistävät tekstiä ja vaikeuttavat ymmärtämistä. Ne voi usein korvata sivulauseella. Lauseenvastikkeista ei tarvitse luopua kokonaan, mutta monesti tekstistä tulee selkeämpää, kun suosii sivulauseita.

Huomasin hänen leikanneen hiuksensa. / Huomasin, että hän oli leikannut hiuksensa.

Näpräätkö kännykkää osallistuessasi webinaariin? / Näpräätkö kännykkää, kun osallistut webinaariin?

Säästimme rahaa päästäksemme lomamatkalle. / Säästimme rahaa, jotta pääsisimme lomamatkalle.

Pitkät määriteketjut

Pitkiä määriteketjuja esiintyy uutisten otsikoissa aivan liikaa. Uutisen ydin yritetään tiivistää otsikkoon liian hankalaan muotoon.

Otan esimerkin.

Iäkäs nainen kaatui ojaan ja sai ruhjeita.

Nainen-sanan edessä on yksi määrite eli iäkäs. Virkkeestä saa helposti selvää.

Jos lisätään naisen eteen määritteitä, niin lause tiivistyy.

Eilen illalla märkään ojaan kaatunut yläkerran iäkäs nainen sai ruhjeita.

Nyt nainen-sanan edessä on seitsemän määritettä. Pitää lukea tarkkaan ennen kuin saa tietää, kuka lauseessa on tekijä. Kuka kaatui?

Entä jos esimerkin muotoilee näin:

Yläkerran iäkäs nainen kaatui eilen illalla märkään ojaan ja sai ruhjeita.

Nyt tekijä on lauseen alussa, ja sen edessä on vain kaksi määritettä (yläkerran iäkäs).

Minusta määriteketju-ilmiö on yleistynyt uutisten otsikoissa. Samaan aikaan otsikot ovat pidentyneet. Toimitus voi valita jopa kolme otsikkoa, jotka vuorottelevat verkkolehdessä saman uutisen yhteydessä. Joskus otsikot ovat tarinamuotoisia ja houkuttelevat lukemaan jutun. Ne ovat minusta usein käypiä ja toimivia.

Yksi selitys pitkille määriteketjuille voi olla se, että halutaan painottaa tiettyjä asioita ja siksi ne on sijoitettu lauseen alkuun. Ymmärrettävyyttä ei kuitenkaan lisää se, että lukija odottaa, kehen tai mihin kaikki määritteet liittyvät.

Miten näitä määriteketjuja voi sitten välttää? Voiko ne kieltää? Ei niitä voi kieltääkään, mutta ne on hyvä erottaa teksteistä ja välttää itse vastaavia ilmaisuja.

Seuraavat otsikkoesimerkit on poimittu mediasta. Ehdotan niille selkeämpää muotoilua.

Helsingistä Tallinnaan maanantai-illalla lentäneessä Finnairin lentokoneessa syntyi tappelu

-> Finnairin lentokoneessa syntyi tappelu maanantai-iltana. Kone oli matkalla Helsingistä Tallinnaan

Professorilta synkkä arvio Askiston päiväkotia ilotulitteilla ampuneiden teini-poikien tulevaisuudesta

-> Teinipojat ampuivat ilotulitteilla Askiston päiväkotia. Heidän tulevaisuutensa näyttää synkältä, arvioi professori

Sosiaalisessa mediassa vuosia levinnyt niksi perunoiden kuorimiseen toimii, kun kuorimaveitsi kyllästyttää

-> Kun kuorimaveitsi kyllästyttää, kokeile perunoiden kuorimiseen toimivaa niksiä, joka on levinnyt sosiaalisessa mediassa vuosia

POHDITTAVAA

Erotatko teksteistä kapulakielen merkkejä?

48

Lauserakenteesta sananen

Kun haluat kehittyä kirjoittajana, on hyvä osata vähän perusasioita suomen kielen lauserakenteesta. Jotta asiat olisivat mahdollisimman ymmärrettäviä, esitän asiat suoraviivaisesti. Olen oikonut mutkia ja jättänyt erityistapaukset pois.

Lähteenä olen käyttänyt Maria Vilkunan teosta Suomen lauseopin perusteet.

Mikä on lause?

Lause sisältää finiittiverbin. Finiittiverbistä näkee aikamuodon tai tapaluokan (moduksen) ja persoonapäätteen.

> **Haluan** suklaata.
>
> Hän **on uinut** joessa.
>
> **Juostiin**.
>
> **Näkisit** paremmin silmälaseilla.
>
> **Tulkoon** kesä!

Verbi on lauseen ydin

Lauseessa pitää siis olla finiittiverbi. On yhden sanan lauseitakin, kuten *sataa, ropisee, ahdistaa, kopisee*. Useimmiten on kuitenkin niin, että verbi tarvitsee muita seuralaisia, jotta saadaan muodostettua lause.

> Tarvitsen paljon unta.
>
> Kissa venytteli matolla.
>
> Huomenna on perjantai.

Jos kyseessä on aktiivimuotoinen verbi, sillä on seuralaisena subjekti (sinä, vauva, he).

Sinä hyppäät korkealle.

Vauva nauraa rattaissa.

He olivat pettyneitä.

Verbi voi vaatia seuralaisensa johonkin tiettyyn (sija)muotoon, ja tällöin puhutaan rektiosta.

Me tykkäämme **pikkuleivistä**.

Nainen rakastui **kaljuun mieheen**.

Lapsi pitää **opettajasta**.

Rektio voi myös vaihdella. Jos epäröit, tarkista sanakirjasta oikea muoto: kielitoimistonsanakirja.fi

Kiinnostuitko kielestä? / Kiinnostuitko kieleen?

Maistuuko hyvälle? / Maistuuko hyvältä?

Tämä tuoksuu pahalle. / Tämä tuoksuu pahalta.

Sanajärjestyksestä hiukan

Suomen kielessä on periaatteessa vapaa sanajärjestys, mutta lauseen merkitys voi muuttua sanajärjestystä vaihtamalla.

Lapset ostavat minulle vohveliraudan.

Minulle lapset ostavat vohveliraudan.

Vohveliraudan lapset ostavat minulle.

Onko verbi yksikössä vai monikossa? Subjekti määrittelee, missä muodossa verbi on.

Auto ja sen kuljettaja **ovat** punaisia.

Tytär ja tämän poikaystävä **tulivat** kylään.

Mummo tai pappa **kaatuu** tällä kelillä.

Paikalle **tulivat** opettaja ja oppilaat.

Verbi on lauseen ydin. Kun luet tekstejä tai kirjoitat itse, pohdi verbin valintaa. Saat ilmaisuun enemmän voimaa, kun käytät värikkäitä ja voimakkaita verbejä.

Lisää verbin valinnasta on kohdassa Rikastuta kieltäsi sivulla 43.

POHDITTAVAA

Yhdessä virkkeessä voi olla monta lausetta. Kuinka monta lausetta on tässä esimerkissä: "Kirjoitan selkeää kieltä, jotta saan viestini perille ja jotta tekstiä on mukava lukea."

Kielioppia tarvitaan

O len tarkoituksella kirjoittanut hieman provosoivia tekstejä kieliopista. Joskus käy niin, että emme näe kokonaisuutta, kun kyttäämme pelkkiä pikkuvirheitä. Olisi hyvä hahmotella ensin tekstin kokonaisuus, ja sen jälkeen hioa yksityiskohdat kuntoon. Sama pätee lukemiseen. Hyvin kirjoitettu teksti kestää pari pientä virhettä.

Unohda kielioppi ja keskity kirjoittamiseen

Onko kielioppi vahvuutesi? Tiedät, mitkä sanat kirjoitetaan yhteen ja mitkä erikseen. Osaat lisätä epäsuoran kysymyslauseen jälkeen pisteen. Erotat yhdysmerkin ja ajatusviivan toisistaan. Kirjoitat maiden nimet isolla ja kansalaisuudet pienellä. Muistat, että kuukauden lyhenne on kk ja vk on viikon lyhenne. Valitset hiustenpesuaineesta muodon sampoo tai shampoo.

Jos vastasit kyllä, hallitset kieliopin nippelit. Hyvä!

Entä ajatteletko, että olet hyvä kirjoittaja, koska hallitset kielioppisäännöt ja -ohjeet?

Jos vastasit kyllä, tuotan sinulle pettymyksen. Kieliopin osaaminen on tärkeä taito, mutta se ei pelkästään vielä tee kenestäkään hyvää kirjoittajaa. Kieliopillisesti virheetön teksti ei välttämättä palvele lainkaan lukijaa. Vaikka tekstin pintatasolla ei olisi ainuttakaan virhettä, sisältö voi olla hähmäinen ja vaikeasti ymmärrettävä.

Kieliopille annetaan minusta välillä liikaa valtaa ja unohdetaan analysoida tekstiä pinnan alta.

Esittelen sinulle viisi kohtaa, jotka on syytä käydä läpi, kun laadit tekstiä. Seuraavia asioita on syytä miettiä ennen kuin alat kirjoittaa.

1. Mikä on tekstin tavoite?

Joskus tavoite on niin itsestäänselvä, ettei sitä osaa sen tarkemmin määritellä. Mutta yhtä usein kirjoitamme tekstejä, joiden tavoitetta emme mieti lainkaan. Mieti siis, miten haluat vaikuttaa lukijaan. Jos kirjoitat työntekijöille tiedotetta, onko sen tarkoitus pelkästään kertoa jostain asiasta vai saada lukijat myös toimimaan? Jos oikaiset jonkin somessa esitetyn väärän ja haitallisen väittämän organisaation toiminnasta, tavoitteena on myös vaikuttaa seuraajien mielipiteeseen organisaatiosta. Tavoite vaikuttaa tekstin suunnitteluun.

2. Kenelle kirjoitat?

Kuvittele lukija tai lukijat eteesi, kun kirjoitat. Kuinka paljon heillä on jo tietoa kyseisestä asiasta? Mieti, miten he suhtautuvat esittämääsi asiaan. Joskus lukijasta on niukasti tietoa tai ei lainkaan. Silloin pitää päätellä, kenelle kirjoittaa.

Aikakauslehdissä puhutaan mallilukijoista. Heistä on tehty profiilitkin tähän tapaan: "Pirkko on 62-vuotias osa-aikaeläkkeellä oleva luokanopettaja, joka pitää puutarhanhoidosta ja taiteesta. Hän asuu lähiössä ja käyttää paljon kirjaston palveluja. Pirkko omistaa vanhan auton ja käy säännöllisesti Espanjassa lomamatkoilla." Mallilukijan avulla on helpompi kohdistaa juttuja lukijoille. Kun tuntee kohderyhmän hyvin, on paljon helpompi suunnata tekstinsä heille. Osaa valita sopivan tyylin ja käyttää yhteistä kieltä.

3. Mikä on tekstilaji?

Minkälaista tekstiä olet kirjoittamassa? Onko se vastaus reklamaatioon, tarjous, kysely, ohje vai jokin muu? Tekstilajikin asettaa tiettyjä vaatimuksia ja ehtoja, ja siksi sekin on hyvä ottaa huomioon.

4. Millaisen äänensävyn valitset?

Viestinnässä puhutaan paljon äänensävystä eli tone of voicesta. Onko äänensävy humoristinen, lempeä, asiallinen, tyly? Rento ääni voisi sisältää puhekielenomaisia sanoja ja jopa puhekielisiä persoona-pronomineja, kuten mä- ja sä-muotoja. Sinuttelu kuuluu ainakin rentoon tyyliin. Asiallinen tyyli sisältää huolellista yleiskieltä, ja sellaiseen olemme tottuneet esimerkiksi asioidessamme viranomaisten kanssa. Omasta mielestä hauska teksti ei välttämättä ole hauska lukijan mielestä. Valitsitpa äänensävyksi minkä tahansa, tekstissä on mielellään käytetty ystävällistä ja kohteliasta kieltä.

5. Rakenna tekstiä vaiheittain

Kun olet miettinyt edellä esitettyjä kohtia, voit alkaa hahmotella tekstiä. Älä pidä kiirettä! Varaa aikaa kirjoittamiselle. Muista tauot. Tekstiä voi aluksi kirjoittaa vaikka käsin paperille. Tekee muuten hyvää, jos kirjoittaa paljon tietokoneella. Kun olet miettinyt tavoitteen, kohderyhmän, tekstilajin ja äänensävyn, voit alkaa muotoilla tekstiä. Toisin sanoen ryhtyä kirjoittamaan. Tässä vaiheessa laveat linjat näyttävät tietä. Ei siis kannata kompastua oikeinkirjoitukseen tai yksittäiseen sanaan. Vähitellen kokonaisuus alkaa muotoutua. Aivan lopuksi on sitten vuorossa viimeistely ja yksityiskohtien tarkistus. Ennen kuin teksti on valmis, sitä on hyvä lepuuttaa vielä yön yli.

Ja nyt palataan siihen kielioppiin. Viimeistelyvaiheessa sen osaamisesta on hyötyä. Tietysti myös kirjoittaessa, mutta haluaisin vapauttaa kirjoittajat tekstin tuottamisvaiheessa siitä, että kieliopin miettiminen jarruttaa kirjoittamista. Silloin aletaan miettiä liikaa yksityiskohtia. Sisällöltään harkittua ja hyvin kirjoitettua tekstiä on miellyttävä lukea.

Miten sinä suhtaudut kielioppiin?

Kun ryhdyt laatimaan tekstiä, mietitkö sen tavoitetta, vastaanottajaa, tekstilajia tai äänensävyä?

Rakennatko tekstiä vaiheittain?

Pelkkä kieliopin osaaminen ei tee kenestäkään kirjoittajaa

Miksi haluamme aina kerrata vaan kielioppia emmekä opetella kirjoittamaan toimivaa tekstiä? Tätä mietin, kun keskustelin erään asiakkaan kanssa webinaarin sisällöstä. Työnantaja tarjosi työntekijöilleen kielikoulutusta. He kaipasivat kieliopin kertausta. Minä ajattelin aihetta laajemmin.

Kielioppia opetellaan koulussa ihan alaluokilta alkaen. On sääntöjä, ohjeistuksia ja suosituksia. Niitä päntätään moneen kertaan, jotta opit menevät perille. Itse pidin koulussa todella paljon kieliopista. Se oli loogista, ja tykkäsin säännöistä.

Kun opiskelin suomen kieltä yliopistossa, minun oli helppo valita tarjonnasta kirjoittamisen ja kielenhuollon kursseja, koska ne kiinnostivat minua eniten.

Vaikka kielioppia kerrataan ja opetetaan peruskoulussa jokaisella luokka-asteella, kaikki ohjeet eivät jää päähän. Lukiossa ja ammatillisella puolella keskitytään jo enemmän varsinaiseen kirjoittamiseen ylemmistä asteista puhumattakaan.

Hyvä kirjoitustaito vaatii myös hyvää kieliopin hallintaa. Nämä eivät tietenkään ole irrallisia. Ei voi kirjoittaa toimivaa tekstiä, jos ei osaa kielioppia.

Joskus minusta tuntuu, että kirjoitustaitoa yritetään kohentaa pelkällä kieliopin kertauksella. Se ei yksinään riitä. Tehokkainta on käydä omakohtaisia tekstejä läpi ja antaa yksilöllistä palautetta henkilön tekstistä. Siitä näkee aika hyvin, minkälainen kirjoitustaito henkilöllä on ja mitkä kohdat kaipaavat hiomista.

Palataan vielä tuohon alussa mainittuun webinaariin. Ymmärrän hyvin, että parin tunnin mittaisessa webinaarissa on helpompi kerrata kielioppia kuin mennä varsinaisen tekstin kirjoittamisen saloihin syvemmälle. Kieliopin kertaaminen on loogista ja sääntöjen opettelu yksiselitteistä.

*Sen sijaan kokonaisten tekstien muokkaaminen
vaatii intensiivistä keskittymistä ja on
huomattavasti työläämpää.*

Muokkausvaihtoehtoja on monia, eikä yhtä ainoaa oikeaa vastausta ole. Parin tunnin webinaaari on melko lyhyt aikakin muokata useita tekstejä perinpohjaisesti.

Ehdotin kyseisen webinaarin aiheeksi kielenhuoltoa, ja se hyväksyttiin.

Kotus eli Kotimaisten kielten tutkimuskeskus määrittelee kielenhuollon näin:

Kielenhuollolla tarkoitetaan kielen ohjailua eli erilaisia tapoja vaikuttaa kielenkäyttöön. Päähuomion kohteena on yleiskieli eli kirjakieli.

Kielenhuolto-sanalla on useita merkityksiä. Se voi olla

1) oikeinkirjoituksen, taivutuksen, rakenteiden, sanaston ja nimistön huoltoa

2) kokonaisten tekstien huoltoa

3) kielen aseman huoltoa eli kielipolitiikkaa.

Useimmiten sanasta kielenhuolto tulee mieleen juuri kielioppi. Kielenhuolto on muutakin kuin pelkästään kielioppia. Se tarkoittaa myös kokonaisten tekstien huoltoa ja vieläkin laajemmin kielen aseman huoltoa. Käsittelimme webinaarissa muun muassa oikeinkirjoitusta ja laajemmin tekstien huoltoa.

En halua missään nimessä vähätellä kieliopin merkitystä, mutta soisin, että opiskelisimme sen lisäksi kokonaisten tekstien kirjoittamista ja tietäisimme myös hitusen, mitä suomen kielen aseman hyväksi voi tehdä.

Olen myös sitä mieltä, että kielioppia voi hyvin tankata itsekseen, eikä siihen välttämättä tarvita kouluttajaa. Kokonaisten tekstien kirjoittamisesta taas on hyvä saada palautetta. Prosessiin kuuluu pallottelu ja vuoropuhelu. Teksti paranee usein, kun sitä muokataan.

Inspiraation lähteenä toimi Saara Lindströmin teksti Onks välii miten kirjottaa?

POHDITTAVAA

Oletko hyvä kieliopissa? Osaatko muokata kokonaisia tekstejä toimivammiksi? Kumpi on sinusta helpompaa?

Sorrutko sinäkin näihin kielimokiin?

Jos saat lähiravintolan esitteen, joka on täynnä kielivirheitä ja hankalasti muotoiltuja lauseita, houkutteleeko se sinua syömään? Tai jos etsit remonttiapua ja päädyt nettisivuille, jossa kieli on vaikeasti ymmärrettävää, tilaatko heiltä keittiöremontin?

Asiakkaan päähän saattaa hiipiä ajatus: "Miten tämä yritys hoitaa muut asiat, jos kieli on näin huolimatonta? Valmistetaanko ruokakin vähän sinnepäin? Huiskitaanko keittiönkaapit seinään suunnilleen suoraan?"

Ei ole samantekevää, miten kirjoitat. Kieli on väylä
asiakkaan luo.

Jos myyt tuotetta tai palvelua, siitä pitää osata kertoa asiakkaalle houkuttelevasti. Ja noudattaa kielioppia ja oikeinkirjoitusta. Yhtään en vähättele visuaalisuuden voimaa, koska sitä ei voi ohittaa. Mutta pelkästään koreat kuvat eivät riitä.

Olen poiminut 10 kieliasiaa, joihin ainakin kannattaa kiinnittää huomiota yrityksen viestinnässä.

1. Yritysnimet, tuotenimet ja tapahtumien nimet

Patentti- ja rekisterihallituksen sivuilla kehotetaan yksiselitteisesti noudattamaan yritysten nimissä Kotuksen suosituksia: "PRH suosittaa, että toiminimen kirjoitusasussa noudatetaan suomen kielen oikeinkirjoitussääntöjä."

Yritysnimien, tuotenimien ja tapahtumien nimien käytäntö on hyvin kirjava. Kekseliääksi kuviteltu nimi aiheuttaa vaikeuksia, jos sanan oikeinkirjoitus ei noudata suomen kielen oikeinkirjoitusta.

Sekin on hyvä muistaa, että suomessa sanat taipuvat. Nimeä pitää pystyä myös taivuttamaan eri muodoissa.

2. Trendisanat ja -sanonnat

Elikkäs, meikämandoliino, pauttiarallaa, napandeeros, halipatsuippa, parempaa seppälää, asiasta kukkaruukkuun, herneitä sieraimistoon, palataan astiastoon...

Kun tiettyjä muoti-ilmauksia viljellään liikaa, ne alkavat ärsyttää. Alussa hauskalta kuulostaneet sanat ja sanonnat menettävät tehonsa ja kääntyvät sanojaansa vastaan. Kannattaa siis harkita, minkälaisia valintoja tekee.

Aina ei ole hyvä heittää läpändeerosta ja olettaa,
että vastapuoli on ihan samalla levelillä. Voi tulla
torjutuksi.

Erilaiset trendisanat ja muotihokemat käyvät läpi saman elinkaaren kuin muutkin. Aluksi ne ovat piristäviä ja viihdyttäviä, sitten ne kuluvat ja ihmiset kyllästyvät. Lopuksi ne toivottavasti häipyvät. Osoittaa enää huonoa makua, jos käyttää joitain edesmenneitä ja kuluneita sanavalintoja. Ole siis tarkkana!

Inspiraationa olen käyttänyt Elina Kettusen mainiota kolumnia Kauppa-lehdessä.

3. Oudosti tavutettu otsikko

Silmiini on osunut useamman kerran visuaalinen tehokeino, jossa sana on tavutettu vastoin tavutusohjetta. Tarkoitan esimerkiksi kirjan nimeä tai lehtijutun otsikkoa, jossa sana halutaan asetella allekkain ja tavutetaan kummallisesti. Dig-ilis-aat-io. En ole graafikko, mutta oletan, että kyseessä on visuaalinen valinta, jolla halutaan olla jotenkin omaperäisiä.

Kieli-ihmisiä tämmöinen ärsyttää. Ja mikä tärkeintä, väärin tavutettu sana häir-itse-e ymmärtämistä. Se ei kai ole tarkoitus.

4. Yhdyssanat

Lempiaiheeni, yhdyssanat. Miksi on niin vaikeaa erottaa, mikä on yhdyssana? Yksi arvaukseni on, että englannin kielen vaikutus on niin vahva, että unohdamme, miten suomea kirjoitetaan.

Suomen kielessä sanan pääpaino on yleensä ensimmäisellä tavulla: MArjapiirakka, KOronavirus.

Puhekielessä paino kuitenkin vaihtelee, ja jopa uutisissa painotetaan yhdyssanan jälkimmäistä osaa: pääMInisterin kesälomaPAikasta ei ole tietoa. Uskon että tämä on yksi syy, miksi olemme hukassa yhdyssanojen kanssa. Mutta tiedoksi, että yhdyssanavirheet ovat monien mielestä erittäin ärsyttäviä.

5. Oikeinkirjoitus

Oikein kirjoitettua tekstiä on mukava lukea. Ei tarvitse pelätä, milloin kompastuu virheeseen. Alakoulusta alkaen oikeinkirjoitus on kuulunut opetukseemme, mutta sääntöjä ei silti aina muista.

Virheelliset muodot, kuten enään, viellä, samallainen, aiheuttavat monelle väristyksiä. Oikeat muodot ovat enää, vielä, samanlainen.

Jos jokin sana toistuu usein omissa teksteissä, eikä sen oikeinkirjoitus muistu mieleen millään, kirjoita sana lapulle ja teippaa seinään kiinni. Siitä sen voi aina tarkistaa.

6. Välimerkit

Välimerkkien tarkoitus on helpottaa lukijaa erottamaan, mistä lause alkaa ja mihin se päättyy. Voit yrittää lukea joskus ilman välimerkkejä kirjoitettua tekstiä. Sitä on aika hankala ymmärtää.

Välimerkitkin on suunniteltu meidän parhaaksemme. Pilkkusäännöille nauretaan ihan turhaan, koska ne ovat loogisia ja jokaisen opeteltavissa. Pilkkuja myöten huoliteltua tekstiä on miellyttävä lukea. Ja asiakas kiittää.

7. 10 vuotta ja 10-vuotias

Numerot ja niihin liitettävät sanat tuottavat monelle päänvaivaa. Tähän on olemassa ihan yksinkertainen muistisääntö. 10 vuotta on kaksi eri sanaa, jotka luetaankin erikseen. Ei niitä tarvitse yhdistää. 10-vuotias on aivan selvästi yhdyssana, ja tämä tarvitsee yhdysmerkin, joka tekee sanasta yhdyssanan. Kätevää, eikö?

8. Asukkaiden ja kielten nimet

Suomessa elää suomalaisia, jotka puhuvat suomea. Maiden nimet ovat erisnimiä, jotka kirjoitetaan isolla: Suomi, Ruotsi, Espanja, Saksa. Kielten nimistä on sovittu, että ne kirjoitetaan pienellä: suomi, ruotsi, espanja, saksa.

Asukkaiden nimet ovat myös pienellä: suomalainen, ruotsalainen, espanjalainen, saksalainen. Tässä ei ole mitään ihmeellistä. Lieneekö taas englannin kielen vaikutusta, että näen liian usein akateemistenkin ihmisten kirjoittavan kielten nimet ja kansalaisuudet isolla.

9. Omistusliitteet

Puhekielessä käytämme harvoin omistusliitteitä. Missä sun auto on parkissa? Äiti heitti mut sen autolla. Jätin mun pyörän kotiin. Kirjoitettuna ja omistusliitteen kera vastaavat repliikit kuuluvat näin: Missä sinun autosi on parkissa? Äiti heitti minut autollaan. Jätin pyöräni kotiin.

Myönnän, että olen itse vähän löperö omistusliitteiden kanssa. Voin lukea sujuvasti tekstiä, jossa ei ole käytetty omistusliitteitä. Mutta huoliteltuun kieleen omistusliitteetkin kuuluvat.

10. Aakkoset

Kun tehdään nimilistoja, on hyvä esittää henkilöt, tuotenimet tai asiat aakkosissa. Aakkoset opimme koulussa ensimmäisellä luokalla, mutta miten tämä perustaito vielä joiltain puuttuu? Kyllä aakkosjärjestys pitää osata. Se kertoo kielitaidostamme aika paljon.

Kielitaidon ylläpitäminen on ihan yhtä tärkeää kuin vaikkapa digitaidot. Pienellä vaivalla saa kirjoitettua hyvää ja selkeää kieltä. Ja kauppakin käy paremmin!

Ota nämä lähteet aktiiviseen käyttöön:

- o Kielitoimiston sanakirja
- o Kielitoimiston ohjepankki

POHDITTAVAA

Sorrutko joihinkin listalla esitettyihin kielimokiin?

Katse kielioppiin – kertaa edes nämä

Kieliopin määritelmä ei ole aivan helppo. Pelkistettynä kielioppi tarkoittaa kieleen sisältyviä sääntöjä. Lisäksi se tarkoittaa sääntöjä kuvaavaa teosta.

Kielioppimalleja on erilaisia. Myös puhutulla kielellä eli puhekielellä on oma kielioppinsa.

Tässä kirjoituksessa tukeudun Kielitoimiston kielioppioppaaseen, joka vastaa monentyyppisiin kieliopillista vaihtelua koskeviin kysymyksiin. Sen sisältö perustuu pitkälti kysymyksiin, joita puhelinneuvontaan soittaneet asiakkaat ovat esittäneet.

Kirjoitukseni näkökulma on yleiskielessä. Nyt pureudutaan siihen, mikä on "oikein" kirjakielessä. Koska kieli ei ole matematiikkaa, siinä on paljon vaihtelua. Aina ei ole helppo sanoa, onko jokin asia oikein vai väärin. Riippuu, missä yhteydessä asia esitetään, kenelle se esitetään, miten se esitetään ja niin edelleen.

Kirjoittaja saa ja joutuu tekemään valintoja. Voi olla esimerkiksi monta hyvää vaihtoehtoa, joista voi valita, mitä käyttää. Tämä jos mikä tekee minusta kielestä juuri niin kiehtovaa!

Kun tuntee kieliopin, myös kielitaju lisääntyy.

Mitään ei saa muuttaa

Kieli herättää tunteita. Jos kielioppiin tulee jokin uusi suositus, kielen-käyttäjät saattavat reagoida siihen voimakkaastikin. Kielen rappiotilasta herää aina silloin tällöin kiivasta keskustelua. Mutta kieltä ei ohjata ylhäältä päin, vaan kielenkäyttäjät muokkaavat itse kieltä. Kielimuotoja on runsaasti, ja ne elävät ja voivat ihan hyvin rinnakkain.

Suomen kielen lautakunta päättää uusista normeista huolellisen harkinnan jälkeen. Kieli ei siis muutu yhtäkkiä tai suunnittelematta. Ohjailu on lempeää: enää ei puhuta säännöistä vaan suosituksista.

Olen valinnut seuraavat kielioppiesimerkit sillä perusteella, että ne särähtävät omaan korvaani. Valinnan peruste on voinut olla myös se, että minulla on vaikeuksia muistaa jotain tiettyä ohjeistusta. Kaikki esimerkkilauseet olen keksinyt itse.

1. Alan kuntoilla – alan kuntoilemaan

Alan kuntoilla säännöllisesti. Alan kuntoilemaan säännöllisesti. Suomen kielen lautakunta hyväksyi vuonna 2014 muodon "alan tekemään" myös yleiskieleen. Tämä menee edelleen ihmisten tunteisiin, vaikka aikaa on kulunut yli kymmenen vuotta. On vaikea hyväksyä, että se sopii myös kirjakieleen.

2. Rakastan leipomista – rakastan leipoa

Minä todellakin rakastan leipomista. Mutta voiko sanoa "rakastan leipoa"? Suositeltavaa on käyttää pidempää muotoa "rakastan leipomista" virallisessa tekstissä. Lyhyempi muoto on rajatapaus, jota kuulee erityisesti puheessa.

3. Tulee olemaan ihana vuosi

Suomen kielessä ei ole futuuria eli tulevaa aikamuotoa. Muotoa "tulee olemaan" on opetettu välttämään. Joskus se on kuitenkin paikallaan. *Tulee olemaan ihana vuosi, koska pääsemme matkustamaan.* Voi käyttää omaa harkintaa, milloin käyttää tätä muotoa.

4. Pystyy seistä – pystyy seisomaan

Vanha täti ei pysty seisomaan enää omilla jaloillaan. Tämä on yleiskieltä. Puhekielessä kuulee muotoa *Vanha täti ei pysty seistä enää omilla jaloillaan.* Yleiskielessä jälkimmäistä ei käytetä.

5. Joutuu pysähtyä – joutuu pysähtymään

Täti joutuu pysähtymään usein. Tässäkin pidempi muoto on yleiskielinen. Puheessa jotkut käyttävät muotoa: *Täti joutuu pysähtyä usein.*

6. Vuodeksi 2025 – vuodelle 2025

Onko ainoa oikea muoto toivottaa onnea *vuodeksi 2025* vai voiko sanoa *vuodelle 2025?* Molempia muotoja voi käyttää.

7. Huolella – huolellisesti

Kirjoitin tekstiä huolella ja tervehdin ilolla uusia ohjeistuksia. Suomen kielen lautakunta hyväksyi vuonna 2003 nämä muodot yleiskielisiksi. Edelleen voi tietenkin muotoilla myös näin: *Kirjoitin tekstiä huolellisesti ja tervehdin iloisesti uusia ohjeistuksia.*

8. Sairaana – sairaina

Vanhemmat ovat sairaina/sairaana keskimäärin muutaman päivän vuodessa. Jos substantiivi on monikossa, tuleeko adjektiivi tässä rakenteessa automaattisesti myös monikkoon? Molemmat muodot ovat käypiä.

9. Joku, jokin

Pääsääntö on, että ihmisistä käytetään "jokua" ja elottomista jokin-sanaa. *Joku hiippailee takanasi. Se ei olekaan ihminen vaan jokin kuivunut lehti.*

10. Kumpikin, molemmat

Kumpikin on yksikkö, mutta molemmat on monikko. Verbi noudattaa substantiivin muotoa: *Kumpikin vanhempi innostui lomamatkasta. Molemmat vanhemmat innostuivat lomamatkasta.*

11. Meidän Maija ja heidän mökkinsä

Omistusliitteet kuuluvat yleiskieleen, mutta ne jäävät helposti pois, koska puheessa niitä harvoin käytetään. *Minun ruskea ulkotakkini on lämmin. Sinun käsineesi ovat liian ohuet. Tyttö lähetti poikaystävälleen viestin. Meidän pihallamme kasvaa isoja puita. Teidän autonne on likainen. Heidän ystävänsä tulivat kylään.* Joskus voi käyttää muotoa "meidän Maija", mutta silloin tyyli on tuttavallinen.

12. Että onko

Puhekielessä käytetään usein seuraavaa muotoa: *Minä ihmettelin, että onko kyseessä maanjäristys.* Rennosti kirjoitetussa tekstissä muoto vielä menettelee, mutta virallisempaan tekstiin, kuten uutiseen tai tiedotteeseen, se ei sovi.

13. Taivutetaan sanoja

Suomen kielessä sanat taipuvat eri sijamuodoissa. Aika usein korva kertoo, mikä on oikea muoto. Sitten on tukku sellaisia sanoja, joiden taivutusta joutuu aprikoimaan. Osaatko taivuttaa sanoja *nukke, harava* tai *askel* monikon genetiivissä? Kun menee sormi suuhun, eikä muista jonkin sanan taivutusta, helpoin tapa on katsoa Kielitoimiston sanakirjasta.

14. Rektio – sana edellyttää seuralaiselta tiettyä muotoa

Tietyt sanat, usein verbit, vaativat seuralaiseltaan tiettyä sijamuotoa. Tätä kutsutaan rektioksi. Oikeita sijamuotoja voi olla useita. *Kakku maistuu hyvälle ja kakku maistuu hyvältä. Ilma tuoksuu keväältä ja ilma tuoksuu keväälle. Kiinnostuin kielenhuoltoon ja kiinnostuin kielenhuollosta.*

15. Viiniä, olutta, samppanjaa

Miten taipuvat viini, olut ja samppanja? *Juon joskus lasillisen punaviiniä, mutta olueen olen kyllästynyt. Sen sijaan samppanjalla juhlistan syntymäpäiviäni.*

Lähde: Kielitoimiston kielioppiopas, Kotimaisten kielten keskus, 2017

POHDITTAVAA

Löytyikö listalta tuttuja ohjeita?

Oliko jokin asia unohtunut ja palautui mieleen?

Virheetöntä viestintää: oikeinkirjoitus kuntoon

Virheetöntä tekstiä on miellyttävä lukea. Kun kaikki yksityiskohdatkin ovat kunnossa, lukeminen sujuu mukavasti. Tekstin viimeistelyvaiheessa pitää käydä huolellisesti läpi oikeinkirjoitus. Olen laatinut listan keskeisistä oikeinkirjoituksen kohdista, joita tarvitaan usein työelämässä.

Päivämäärä on järjestysluku. Sekä päivän että kuukauden perään tulee piste.

> 8.4.

> 8.4.2025

Kellonajan lyhenne on klo, mutta sen voi usein kirjoittaa kokonaan: kello. Numeroiden välissä ei käytetä kaksoispisteitä tavallisessa tekstissä.

klo 7.00 / kello 7.00

klo 16.15 / kello 16.15

klo 22 / kello 22

Puhelinnumerot on hyvä ryhmitellä, jotta niitä on helpompi lukea. Puhelinnumeroiden yhteydessä ei käytetä viivaa eikä sulkeita.

020 555 777

050 987 654 321

09 123 4567

Vuosiluku kirjoitetaan yhteen pötköön.

2020-luvulla

vuonna 1982

Muutoin luvut erotetaan kolmen numeron ryhmiin lopusta alkaen, jotta ne hahmottaa paremmin.

Sohva maksaa 2 360 euroa.

Otin lainaa 68 000 euroa.

Euron lyhenteitä on monia: e, € tai EUR. Usein voi kirjoittaa kokonaan sanan euro.

Hinta merkitään numeroin, ja valuutan voi kirjoittaa kirjaimin.

145 euroa

145 €

145,-

145 EUR

Numeron ja merkin väliin tulee välilyönti.

alv 24 %

6 kpl tuoleja

15 kg hiekkaa

Junalippu maksaa 23 euroa/henkilö tai 23 e/hlö.

Arvonlisäverosta on käytössä kolmenlaisia lyhenteitä.

ALV

alv

alv.

Ikä ja numero ovat kaksi erillistä sanaa, jotka kirjoitetaan erikseen.

Täti täyttää 50 vuotta

Setä on 58 vuotta vanha.

Yhdyssana muodostetaan yhdysviivalla.

Täti on 50-vuotias.

Sedällä on 58-vuotissyntymäpäivät.

Lyhenteitä on hyvä välttää, mutta joskus niitäkin tarvitaan.

klo (kello)

vk (viikko)

kk (kuukausi)

v (vuosi)

nro (numero)

Maiden nimet kirjoitetaan isolla alkukirjaimella.

Suomi, Ruotsi, Espanja, Saksa

Kansalaisuudet kirjoitetaan pienellä.

suomalainen, ruotsalainen, espanjalainen, saksalainen

Kielten nimet kirjoitetaan pienellä.

suomen kieli, ruotsin kieli, espanjan kieli, saksan kieli

suomi, ruotsi, espanja, saksa

Kielen nimestä muodostettu adjektiivi on yhdyssana.

suomenkielinen, ruotsinkielinen, espanjankielinen, saksankielinen

Kun paikannimeen lisätään määrite, mukaan otetaan yhdysmerkki.

Etelä-Suomi

Länsi-Suomi

Pohjois-Suomi

Moniosaisesta paikannimestä muodostettu asukkaannimitys on yhdyssana.

eteläsuomalainen, länsisuomalainen, pohjoissuomalainen

Nimeä taivuttaessa myös alkuosa taipuu.

Hän asuu Isossa-Britanniassa.

Riika on viehättävä kaupunki. Riiassa on paljon vanhoja taloja.

Matkustan Thaimaahan kuukaudeksi. Thaimaassa on lämmintä.

Ajatusviivaa käytetään rajakohtailmauksissa

22–28-vuotiaat ovat nuoria aikuisia.

Helsinki–Turku-reitti on nopea.

Ottelu päättyi 4–0.

Tilaisuus järjestetään 12.–13.4.

Kotimainen postinumero kirjoitetaan postilähetykseen ilman välilyöntejä ja erotetaan postitoimipaikan nimestä yhdellä välilyönnillä. Postitoimipaikka kirjoitetaan postin ohjeen mukaan suuraakkosin.

00150 HELSINKI

Juhlapäivien nimet kirjoitetaan pienellä.

pääsiäinen, vappu, juhannus, joulu

Myös viikonpäivät kirjoitetaan pienellä.

maanantai, tiistai, keskiviikko, torstai, perjantai, lauantai, sunnuntai

Tittelit kirjoitetaan pienellä.

merkonomi, sihteeri, viestintäpäällikkö, toimitusjohtaja

Kun viitataan elolliseen asiaan, käytetään joku-pronominia.

Joku hiipii ullakolla.

Jokin viittaa elottomaan asiaan.

Jokin häiritsee minua.

Kiteytyneet sanaparit kirjoitetaan erikseen.

hissun kissun, huiskin haiskin, hujan hajan

Liitepartikkeli liitetään suoraan sanan perään:

itsekin, meillekin, luulenpa, kunpa, ollaanpa, niinpä, katsopa, tulepa

ompi, kumpi

Lisätietoa: Kielitoimiston ohjepankki

71

Lukutaito heikkenee mutta toivo ei ole mennyttä

Osallistuin elokuussa 2024 Kelan tilaisuuteen, jossa pohdittiin, pitääkö julkishallinnon varautua siihen, että lukutaito heikkenee. Keskustelijoina paneelissa olivat Henna Kara, Aleksis Salusjärvi, Minna Torppa ja Heidi Träff.

Kelassa tehdään paljon töitä, jotta teksteistä saataisiin selkeitä. Siellä on useita kielenhuoltajia, jotka muokkaavat teksteistä selkeämpiä ja ymmärrettävämpiä. Tekstit ovat usein erikoisalojen kieltä, jota on vaikea kirjoittaa selkeästi. Panelistit totesivatkin yhteisesti, että virkakieli on vaikeata. Ristiriitaista on se, että virkakieltä joutuvat usein lukemaan juuri ne, joiden kielitaito on heikko. Päätöksistä ei saa selvää, eikä niitä ymmärretä, mikä aiheuttaa turhautumista ja jopa epätoivoa.

"Emme voi asioida pelkästään tekstien varassa."

Pitäisi olla jokin taho, joka selittää, mitä päätöksessä sanotaan, jos teksti on vaikeaselkoista. Olen itsekin joskus soittanut Kelaan, kun en ymmärtänyt päätöksen viestiä. Kerroin, että olen suomen kielen maisteri, mutta en saa tekstistä tolkkua.

Lomakkeiden ja hakemusten täyttö voi myös olla monelle äärimmäisen vaikeaa. Minäkin lykkään veroilmoituksen täydentämistä, koska se on vaivalloista. Tänä vuonna sain lisäselvityspyynnön verottajalta. Luin huolellisesti ohjeita ja ryhdyin hankkimaan kaikkia pyydettyjä, tositteellisia selvityksiä, missä menikin jonkin aikaa. Tämä ei ollut kuitenkaan vaikein osuus. Vaikeuksia tuli siinä vaiheessa, kun yritin saada liitettyä kaikki vaaditut tiedostot Omaveron kautta. Yksi tiedostoni oli nimetty huonosti (myönnän, oma vika) eikä se tahtonut millään mennä läpi. Kone ruksutti ainakin kymmenen minuuttia, enkä osannut tehdä mitään. Soitin epätoivoissani asiakaspalveluun, mutta eihän sieltä vastattu, sain korkeintaan jättää soittopyynnön. Vaatii melkoista mielenmalttia pysyä rauhallisena ja ajatella, että yritän uudelleen huomenna ja hoidan asiani silloin. Kyllä siinä tuntee olonsa aika yksinäiseksi ja tyhmäksi.

Kerran hain työttömyyskorvausta. Tein osapäiväisesti töitä, mutta olin oikeutettu työttömyysturvaan. Täytin omasta mielestäni huolellisesti hakemusta ja olin mahdollisimman rehellinen. Yhdessä kohtaa kysyttiin, haetko kokoaikatöitä. En rastittanut kohtaa, koska etsin vain osa-aikatöitä, olihan minulla jo osittain töitä. Ajattelin, että etsin lisää osapäiväistä työtä, enkä voi ottaa vastaan kokopäivätyötä, jotta en menetä aiempaa työtäni. Valitsin kuitenkin väärin. Olisi pitänyt joka tapauksessa rastittaa kohta Haen kokopäivätöitä. Jäi työttömyystuki saamatta. Loogista se ei minusta ollut.

Hallintolaki velvoittaa kirjoittamaan selkeästi

Virkakielen selkeyttämiseksi tehdään jo paljon töitä. Kotuksella on virkakielikampanjakin. Hallintolaki velvoittaa viranomaisia kirjoittamaan selkeästi, mutta miten sitä mitataan? Selkeä kieli ei synny itsestään, vaan tarvitaan resursseja, kuten kielen asiantuntijoita organisaatioihin. Työ voi myös tuntua hitaalta ja hankalalta. Ovatko kaikki valmiita panostamaan tähän?

Haluaisin laajentaa tätä työtä kaikkiin organisaatioihin, ei vain julkiselle puolelle.

"Haluaisin, että työpaikoilla keskustellaan
enemmän, miten teksteistä saadaan selkeämpiä ja
luettavampia."

73

Kelan tilaisuudessa nousi esille, että kansalaisviestintä on organisaatio-lähtöistä ja esimerkiksi työtön joutuu hakemaan tietoa tilanteeseensa monesta eri paikasta. Kun voimavarat ovat muutoinkin vähissä, jaksaako ihminen kahlata lukuisia nettisivuja läpi ja etsiä tietoa ja täyttää lomakkeita? Taas tullaan siihen, että emme voi olla ja elää pelkästään tekstien varassa, vaan pitää olla myös mahdollisuus vuorovaikutukseen. Pitää saada kysyä puhelimitse tarkennuksia.

Lisää onnistumisen kokemuksia lukemisessa

Heikosti lukevan henkilön pitäisi saada onnistumisen kokemuksia. Virkakieli ei lisää lukuintoa, mutta joskus viranomaisten tekstit ovat ainoita tekstejä, joita tällainen henkilö joutuu tavaamaan.

Kaunokirjallisuudesta voi löytää paljonkin kivoja ja merkityksellisiä lukukokemuksia. Kun pyydän kirjoittamisen kurssillani opiskelijoita esittelemään yhden kirjan, joka on tehnyt vaikutuksen, se liittyy usein johonkin tiettyyn elämänvaiheeseen. Fantasiakirjat ovat saattaneet jäädä mieleen, kun niitä on lukenut teini-iässä. Jokin elämäntaito-opas on voinut olla tärkeä ja auttanut hankalan elämänvaiheen yli. Elämä-kerrat tarjoavat usein selviytymistarinoita, joista saa voimaa. Jokin lapsuudesta tuttu lastenkirja on voinut tuoda lohtua, ja sitä on luettu moneen otteeseen. Joskus kirja siirtyy sukupolvelta toiselle.

Kaikille ei ole luettu kotona, mutta koulusta harva selviää lukematta yhtään kirjaa. Kuinka toivonkaan, että erityisesti nuoret tarttuisivat kirjoihin puhelimen sijaan. Ja niin monet tietysti tekevätkin.

Haluan suunnata katseen myös aikuisiin. Vaikka olisi onnistunut pääsemään peruskoulusta läpi lukematta yhtä ainoaa kirjaa, lukuinnostus voi herätä myöhemminkin. Tarjonnasta ei ainakaan ole pulaa. Meillä on valtavan hieno kirjasto, josta saa lainaksi vaikka minkälaista luettavaa. Yksi hyvä vinkki on tutustua kirjastojen pikalainoihin, koska niissä on usein suosittuja kirjoja. Sitten voi selata Mitä Suomi lukee -tilastoa. Lähipiiristä voi kysellä myös kirjavinkkejä. Käytettynä kirjoja löytää kirpputoreilta ja kierrätyskeskuksista. Jos on omasta mielestään huono lukija, kannattaa myös tutustua selkokieliseen kirjallisuuteen, jota on myös saatavilla kirjastoista. Kirjan kieltä on mukautettu helpommin ymmärrettäväksi, mutta tarina ja juoni ovat samoja. Eikä mikään estä aikuisia etsimästä luettavaa nuortenkirjoista tai lastenkirjoista. Ne vasta koukuttavia ovatkin!

Kirjallisuudentutkimuksessa puhutaan kaanonista, kun viitataan kirjallisuuden arvojärjestyksiin ja hierarkiaan. Kaanonin muodostumiseen vaikuttavat varsinkin kirjallisuuskritiikki, kirjallisuushistoriat ja kirjallisuuden opetus. (Lähde: https://tieteentermipankki.fi/wiki/Kirjallisuudentutkimus:kaanon)

En halua arvottaa kirjoja sen perusteella, ovatko ne riittävän laadukkaita, jotta niitä viitsii lukea. Jos ihminen on elämässään lukenut hyvin vähän, tärkeintä on saada hänet jollain teoksella tajuamaan, miten hyvää ajanvietettä ja miten palkitsevaa lukeminen on.

Ilman luku- ja kirjoitustaitoa on vaikea selvitä yhteiskunnassa.

Opettajat eivät ole varmasti turhaan huolissaan lasten ja nuorten heikentyneestä innosta tai taidosta lukea ja tuottaa pitkiä tekstejä. Jos koulu menee vähän sinnepäin, ei kai koskaan ole liian myöhäistä kartuttaa taitojaan? Jos saan yhdenkin aikuisen innostumaan edes hieman lukemisesta tai kirjoittamisesta, vaikka he ovat omasta mielestään huonoja kirjoittajia tai huonoja lukijoita, olen onnistunut.

Lukeminen rauhoittaa ja lisää keskittymiskykyä

Lukeminen rikastuttaa sanavarastoa ja kehittää kielitajua. Se vie uusiin ympäristöihin ja maailmoihin sekä tarjoaa elämyksiä. Yleissivistys laajenee, kun lukee paljon. Myötätuntoa oppii kirjoista myös. Lukeminen antaa kaivattua vastapainoa työelämälle tai kuormittavalle elämäntilanteelle. Se myös parantaa keskittymiskykyä ja lievittää stressiä. Aivoterveydellekin lukeminen tekee hyvää, ja mieli rauhoittuu.

Lukeminen ei suju aina vaivattomasti, eivätkä kaikki kirjat imaise mukaansa. On ihan tyypillistä, että lukiessa ajatukset harhailevat ja välillä joutuu palaamaan taaksepäin, että mitä tulikaan luettua. Joskus silmät menevät kiinni, mutta sehän on myös rentoutumisen merkki. Kirjassa on tylsiä kohtia eli suvantovaiheita, jotta lukija saa hengähtää. Keskittymiskyky lisääntyy, ja sitähän me tarvitsemme.

POHDITTAVAA

Oletko ollut joskus ihmeissäsi viranomaisten tekstien parissa? Oletko ymmärtänyt lukemasi?

Onko jokin kirja tehnyt sinuun vaikutuksen ja jäänyt mieleesi?

76

Mitä kielenhuoltaja tekee?

Kielenhuoltajia tarvitaan lisää työpaikoille edistämään laadukasta suomen kielen käyttöä. Yhdessä voidaan keskustella tekstien tavoitteista. Kielikeskustelut voivat sisältää monenlaista pohdintaa, miten tekstejä tuotetaan. Kielenhuoltaja voi auttaa ja esittää sopivia kysymyksiä.

Kielenhuoltaja avaa kirjoittajan silmät

Kun minulta tilataan kielenhuolto jollekin tekstille, pyydän ensin sitä näytille, jotta saan kokonaiskäsityksen työstä. Kysyn myös, mikä on tekstin tavoite ja kenelle se on suunnattu. Tämän perusteella pystyn antamaan arvion käytettävästä työajasta ja määrittelemään palkkioni.

Usein riittää, että teen tekstille niin sanotun kevyen kielenhuollon. Oikaisen kaikki pinnalla näkyvät virheet, kuten lyöntivirheet ja välimerkit, ja korjaan muut helpot ja näkyvät kohdat. Muokkaan myös kankeita lauserakenteita selkeämmiksi. Tarvittaessa merkitsen korjaukset ja ehdotukseni suoraan tiedostoon eri värillä. Näin kirjoittaja näkee, mitkä korjauksista voi hyväksyä suoraan ja mitä pitää vielä pohtia.

Monet ajattelevat kielenhuollosta, että se on pelkästään oikein-kirjoituksen ja muiden pikkuasioiden korjaamista. Mutta se on paljon muutakin. Arvioin koko ajan lukemaani ja mietin, miten teksti kulkee ja miten asiat on esitetty. Olen saanut usein kehuja siitä, miten tarkkaan olen tekstin lukenut. Se tulee väistämättä tutuksi, kun samaa tekstiä lukee moneen kertaan suurennuslasin läpi.

Kirjoitan tekstin sekaan omia huomioitani, joita kirjoittaja saa rauhassa pohtia, kun olen luovuttanut työn. Voin esimerkiksi huomauttaa, jos sama asia esitetään toistuvasti. Ehdotan termien avaamista suomeksi. Esitän kysymyksiä. Huomioin myös kuvatekstit ja lähteet.

Kun tarkastin erästä pienoisromaanin käsikirjoitusta, panin merkille, että hiki-sana esiintyi tekstissä usein. Päähenkilöllä oli hiki, naisen kainalot olivat hikiset, isä haiskahti hieltä, juostessa hiki virtasi. Kirjoittaja yllättyi ja hymyili, kun mainitsin asiasta. Hiki oli tärkeä elementti käsikirjoituksessa, mutta se esiintyi hieman liian usein.

Oppikirjoja olen kielenhuoltanut paljon. Yhdessä taloustiedon kirjassa oli runsaasti laskuesimerkkejä, jotka tarkastin myös. Jäi häiritsemään, kun mielestäni korkoa korolle -esimerkissä oli laskettu prosentit väärin. Huomautinkin tästä kirjoittajalle, ja hän lupasi laskea ne uudelleen.

Mitä kielenhuollolla tarkoitetaan? Kotimaisten kielten keskus eli Kotus määrittelee kielenhuollon näin:

"Kielenhuollolla tarkoitetaan kielen ohjailua eli erilaisia tapoja vaikuttaa kielenkäyttöön. Päähuomion kohteena on yleiskieli eli kirjakieli.

Kielenhuolto-sanalla on useita merkityksiä. Se voi olla 1) oikeinkirjoituksen, taivutuksen, rakenteiden, sanaston ja nimistön huoltoa, 2) kokonaisten tekstien huoltoa tai 3) kielen aseman huoltoa eli kielipolitiikkaa."

Käytännössä monesti menevät sekaisin sanat oikoluku, editointi ja kielenhuolto. Oikoluku on tekstien pintapuolista tarkastamista. Kielitoimiston sanakirjaa määrittelee editointi-sanan seuraavasti: *muokata tekstiä tm. aineistoa; toimittaa aineisto julkaisu- t. esityskuntoon; vrt. toimittaa.*

Olipa termi sitten mikä tahansa edellä olevista, on hyvä sopia tilaajan ja kielen ammattilaisen kanssa, mihin pyritään ja minkälaista huoltoa tekstille toivotaan.

Itse painotan kielenhuollossa sitä, että kirjoittaja päättää lopulta, mitä korjauksia hän tekstiinsä valitsee ja mitä hylkää. Annan luovutuksessa muutamia pohdittavia kysymyksiä, joita tekstissä on minusta hyvä huomioida. Koska teksti on kirjoittajan nimissä, hän päättää, mitä niille tekee.

Aina kun palautan työn, sanon siitä myös hyviä puolia eli kaiken sen, mikä tekstissä toimii ja mikä tekee siitä kiinnostavaa luettavaa.

"Olen ihan äimän käkenä, kuinka tarkasti olet
lukenut tekstin."

Tämä on yksi parhaista palautteista, jonka olen saanut. Tässä tapauksessa tilattiin oikolukua, mutta kun perustelin tarjoukseni, päädyttiin kevyeen kielenhuoltoon. Tilaaja oli tyytyväinen.

Lue lisää:
https://www.kotus.fi/kielitieto/yleiskieli_ja_sen_huoltaminen/mita_kielenhuolto_on

POHDITTAVAA

Oletko käyttänyt kielenhuoltajaa?

Oletko joskus harkinnut, että pyytäisit kielen ammattilaista kielenhuoltamaan tekstisi?

Lempeä ja rakentava tapa kannustaa kirjoittajaa

Kun koulutan kirjoittamista, otan huomioon erilaiset kirjoittajat. Haluan rohkaista ja kannustaa kirjoittajia, jotka ovat vähän kohmeessa eivätkä ole hetkeen laatineet tekstejä.

Ohjenuorani on katsoa tekstejä kokonaisuutena,
eikä etsiä yksittäisiä virheitä.

Minulla on parhaillaan ohjattavana kymmeniä opiskelijoita, joiden tehtäviä tarkistan. Pyrin niissäkin kiinnittämään huomiota kokonaisuuteen, enkä niinkään yksittäisiin virheisiin. Jos osoitan punakynällä jokaisen pienen kielioppivirheen, oppiminen jää minusta ohueksi. Sen sijaan annan palautetta kokonaisesta tekstistä. Kuinka hyvin kohderyhmä on huomioitu, minkälainen sävy tekstissä on, onko asiat esitetty ymmärrettävästi ja niin edelleen.

Kerran hyvä ystäväni, joka on pienyrittäjä, pyysi minulta palautetta koronatiedotteestaan. Hän oli lähettämässä asiakkailleen viestiä, kuinka liikkeessä on varauduttu koronaan ja miten siellä suojaudutaan. Teksti oli muokattu hienosti asiakasta kunnioittaen ja sävy oli kohtelias ja ystävällinen. Nostin nämä seikat palautteessa esiin, enkä niinkään takertunut muutamaan kielioppivirheeseen.

Kirjoittamisen kouluttajana tai ohjaajana haluan olla kannustava ja rakentava. Muotoilen opiskelijoille sanallisia palautteita kieli keskellä suuta. En halua olla pelkkä palauteautomaatti, joka tuuppaa jokaiselle samanlaisen palautteen. Pyrin yksilöimään sanamuotoja, jotta opiskelijalla on sellainen tunne, että olen todella lukenut hänen tehtävänsä. Ja niin teenkin. Ennen kuin voin antaa palautetta, tekstiin pitää upota. Ja se vie aikaa. Siksi varaan aina sellaisen ajankohdan, että olen hyvässä vireessä ja voin keskittyä, kun ryhdyn käymään tehtäviä läpi.

Jokainen tietää, ettei viesti (eikä palaute), mene aina perille niin kuin sen itse hyväntahtoisesti on muotoillut. Pelkkä myötäkarvaan silittäminen ei palvele ketään, ja siksi yritän nostaa kehityskohteita hienotunteisesti ja rakentavasti esille. Olen ilmeisen hyvin onnistunutkin, koska en ole saanut rajua kritiikkiä.

Maaret Kallio käyttää sanontaa lujasti lempeä. Jotain samantyyppistä voisin ajatella itsekin. Haluan olla lempeä mutta rakentava, kun arvioin tehtäviä.

Kun opetellaan esimerkiksi työelämässä tarvittavia kirjoitustaitoja, puhutaan aika laajasta skaalasta erilaisia tekstejä. Se että tunnistaa joitain keskeisiä työelämän tekstilajeja, auttaa kirjoittamaan muitakin tekstejä. Kun osaa kirjoittaa selkeää kieltä ja välttää pahimpia epäselvyyden karikoita, näitä taitoja voi hyödyntää monissa teksteissä.

Jos saan antaa palautetta ammattikirjoittajille, voin olla paljon suorempi. Mutta aloittelevien kirjoittajien kanssa täytyy olla varovaisempi, koska en halua tuhota kenenkään orastavaa intoa tuottaa tekstejä. Kaikista voi kehittyä kelpoja kirjoittajia.

POHDITTAVAA

Oletko antanut palautetta?

Millaista palautetta olet itse saanut?

Huolehditaan suomen kielestä

Joskus kuulen epäilevän kommentin, että voiko tän asian sanoa näin yksinkertaisesti. Kyllä voi. Selkeä ja ymmärrettävä kieli toimii parhaiten työelämässä. Aivan turhaan kuorrutamme viestimme mukamas hienommalla ja koukeroisemmalla ilmaisulla. Kuka siitä hyötyy? Tarkoitus on, että viestit menevät perille ja että ne ymmärretään.

Kansantajuinen kieli edistää työhyvinvointia

Aiheuttaako strategia-sana sinussa värinöitä? Tiedätkö, mitä sana tarkoittaa? Kielitoimiston sanakirjan mukaan strategia tarkoittaa työelämässä "perusluonteista toimintasuunnitelmaa". Strategialle on erilaisia määritelmiä, mutta tämä tiivistys on minusta hyvä: *Strategia on organisaation suunnitelma, jolla aiotaan päästä haluttuun päämäärään ja joka sisältää konkreettisia tekoja.*

Millaisia strategioita olet tavannut työpaikoilla? Jos olet parhaillaan työelämässä, tunnetko työpaikkasi strategian? Liian usein strategia on kirjoitettu niin hämärästi, että sen sisältöä on vaikea ymmärtää. Puhumattakaan siitä, että strategiaa olisi helppo noudattaa.

Entä tiedätkö jonkin työpaikan mission eli perustehtävän tai vision eli tulevaisuudenkuvan? Entä mitkä ovat organisaation arvot eli periaatteet? Jos arvoja ovat rehellisyys, yhteiskuntavastuu tai asiakaslähtöisyys, miten ne näkyvät käytännön työssä?

Eräällä työpaikalla pohjoismaiset markkinointipäälliköt olivat pohtineet viikonlopun laivaseminaarissa yrityksen arvoja. He jalkautuivat konttorille silmät innostuksesta kiiltäen ja teippasivat käytävän seinille ryhmätöiden tuotoksia, kartonkiin kirjoitettuja tussitekstejä arvoista. Nämä pitää kaikkien osata! Hämmästyneinä työntekijät lukivat sanoja, jotka eivät kirkastuneet käytännössä. Miten nämä arvot vaikuttavat minun työhöni? kysyi eräskin sihteeri.

Työntekijöiden ja johdon välille syntyy railoja, jos
he eivät ymmärrä toisiaan.

Jargon eli ammattikieli sisältää tietyn erikoisalan sanastoa. Sitä käytetään, koska termit ja lyhenteet voivat kattaa monimutkaisia käsitteitä lyhyesti ja yksiselitteisesti. Tuntuu vaivalloiselta ryhtyä avaamaan käsitteitä, jos ei tarkasti itsekään osaa selittää, mitä ne tarkoittavat.

Jargonin käyttö voi luoda yhteenkuuluvuuden tunnetta ammatillisessa yhteisössä. Samalla se voi vahvistaa ammatti-identiteettiä ja erottaa tietyn ammattiryhmän muista. Käyttämällä ammattitermejä voi antaa vaikutelman siitä, että on perillä alan erityispiirteistä ja trendeistä. Jargonin käyttäjä erottuu muista, hän asettuu yläpuolelle, koska osaa enemmän kuin muut.

Kieli yhdistää – ja myös erottaa. Työntekijät eivät läheskään aina ymmärrä, mitä johtajat puhuvat. Kautta aikojen sellaiset johtajat ovat olleet työntekijöiden mieleen, jotka ovat istuneet samaan lounaspöytään ja puhuneet duunareiden kieltä.

Yhteistyökumppaneista osa saattaa puhua samaa jargonia, mutta eivät välttämättä kaikki. Millainen tunne tulee kumppanille, joka ei ymmärrä myyjän puhetta? Halutaanko tehdä kauppoja, jos on epäselvää, mitä on tarjolla tai mitkä ovat ehdot?

Kieltä voi myös mukauttaa. Mihin on kadonnut tämä viestinnän ja markkinoinnin perusohje: Huomioi vastaanottaja! Puhu kohderyhmälle niiden omalla kielellä. Asiantuntijat saavat rauhassa länkyttää jargonia keskenään. Mutta kun puhutaan suorittavalle taholle, termit ja vaikeat ilmaisut pitää avata ja käyttää kansantajuisia sanoja. Asiakkaalle viestiä pitää suunnata erityisen tarkasti. Millainen kieli heille parhaiten sopii?

Jos kuitenkin käytät jargonia, varmista, että käsittelet termejä selkeästi ja tarjoat tarvittaessa selityksen niiden merkityksestä. Sen sijaan että käytät lyhennettä "ROI" (Return on Investment), voit sanoa suoraan "sijoitetun pääoman tuotto". Näin kaikki ymmärtävät viestisi.

Kannustan avoimeen keskusteluun ja palautteeseen. Jos huomaat, että jargonin käyttö vaikeuttaa viestintää tai aiheuttaa väärinkäsityksiä, ilmaise huolesi ja tarjoa parannusehdotuksia. Jonkun pitää olla työpaikalla se rohkea, joka uskaltaa kysyä vaikeiden käsitteiden kohdalla, mitä niillä tarkoitetaan.

Kansantajuinen kieli vaikuttaa työhyvinvointiin. Kun tahdotaan strategian mukaisesti päästä haluttuun päämäärään, ymmärrettävä kieli ohjaa meitä sinne.

Kolumnin inspiraationa on toiminut Ylen julkaisema Näin työelämän jargon on uinut yhä uusille alueille – kieli jakaa työyhteisön tyhjänpuhujiin ja tekijöihin -artikkeli, jonka asiantuntijoina ovat viestintäkonsultti Laura Niemi ja kieliasiantuntija Eeva Öörni.

POHDITTAVAA

Oletko havainnut työpaikallasi jargonin käyttöä?

Oletko käyttänyt itse jargonia tahattomasti tai tarkoituksella?

Pidetään suomen kieli elinvoimaisena

Asun pääkaupunkiseudulla, ja silloin tällöin tulee vastaan tilanteita kahviloissa, ravintoloissa tai hotelleissa, että palvelua saa vain englanniksi. Olen toki opiskellut englantia ja osaankin sitä riittävästi, mutta aina ei huvittaisi vaihtaa äidinkieltä vieraaseen kieleen.

Suomenkielisten ei pidä tuntea kielihäpeää omassa kotimaassaan, jos he eivät osaa tai halua puhua palvelutilanteessa englantia. Laki säätelee julkisen puolen palveluita, jotka on saatava suomeksi. Yksityisellä puolella, kuten kahviloissa ja ravintoloissa, tilanne on toinen. Olisi hienoa, että sielläkin palveltaisiin suomeksi, mutta näin ei aina ole.

Toisaalta suomenkieliset itsekin kaihtavat suomen puhumista kielenoppijoiden kanssa. Suomea murtaen puhuva ulkomaalainen haluaa tilata ravintolassa ruokaa suomeksi. Hän hakee sanoja ja puhuu vahvalla aksentilla. Mitä tekee tarjoilija? Vaihtaa kielen heti englanniksi. Tärkeä tilanne harjoitella suomen kieltä menee sivu suun.

Suomen kielellä ei ole mitään hätää. Se elää ja voi hyvin. Suomi on kansalliskieli. Se on ollut reilu sata vuotta valtakieli Suomessa, ja se on keskisuuri kieli. Suomea käytetään kaikilla keskeisillä yhteiskunnan käyttöalueilla. Lisäksi kielen asemaa vahvistaa monipuolinen suomenkielinen kulttuuri- ja mediatarjonta. Näin todetaan tuoreessa selvityksessä suomen kielen tilasta.

Pieniä huolenaiheita

Jos kielen käyttöala kapenee, voimme huolestua.

Englanninkielinen opetus on lisääntynyt koulutuksessa. Tämä voi johtaa siihen, että tietyillä aloilla asiantuntijat osaavat toimia vain englanniksi, mikä ei ole suomenkielisessä maassa hyvä juttu. Nuorille pitää opettaa koulussa työelämän kielitaitoja, joita tarvitaan ammattirooleissa. Nuorten puheessa on usein sellaista sanastoa, jota vanhemmat ihmiset eivät ymmärrä. Sukupolvien välistä kielikuilua on syytä kuroa umpeen. Digitaalisten palveluiden kieli on välillä vaikeasti ymmärrettävää, vaikka palveluiden pitäisi olla kaikkien käytettävissä.

Selvityksessä todetaan, että Suomesta ei saa antaa sellaista kuvaa, että täällä voi elää englanniksi.

Suomalaisten pitää puhua maahanmuuttajille suomea. Ja maahanmuuttajien pitää opetella suomen kieltä. Tiedämme kuitenkin, miten työlästä on ottaa uusi kieli haltuun. Ajatus on kaunis, että maahanmuuttajien pitää opetella maan kieli, mutta se vaatii aikaa, tahtoa ja työtä. Itse opiskelen parhaillaan espanjan alkeita, ja voi veljet, että pänttääminen on hidasta. Toivon silti, että kun yritän takellellen hoitaa asioitani espanjaksi Espanjassa, kieltä ei vaihdeta heti englanniksi, koska haluan harjoitella.

Isoissa kaupungeissa suomea puhutaan jo monin eri tavoin, ja ihmiset ovat siihen tottuneet. Koska kielen opiskelu vaatii aikaa, pitää olla matala kynnys käyttää aksentilla puhuttua suomea. Kieli ei mene siitä pilalle. Maahanmuuttajat pääsevät suomen kielen avulla parhaiten osaksi suomenkielistä yhteiskuntaa.

Suomen kielen roolia ei pidä vähätellä, vaikka suomenkieliset puhujat vähenevät ja maahanmuuttajien määrä kasvaa. Suomen kieltä voi sitä paitsi arvostaa ilman muiden kielten vastakkainasettelua.

Lisää kielitietoisuutta

Sellaistakin on ehdotettu, että suomen kielen lomassa voisi käyttää tukena jotain toista kieltä. Kieltä ei tarvitse siis kokonaan vaihtaa toiseen, jos sitä ei osaa kunnolla. Tästä ajatuksesta pidän. Palvelualoilla pitäisi opettaa suomea taitamattomille muutamat tärkeimmät repliikit suomeksi. Asiakasta voi tervehtiä ja kiittää suomeksi. Jos ja kun kieli pitää vaihtaa englanniksi, voi sanoa, että puhun vain vähän suomea. Voidaanko puhua englantia? Ja jos ne ruokalistat saisi myös suomeksi, se helpottaisi tilaamista.

Kaikille työpaikoille tarvitaan kielitietoisuutta. Toivon mukaan palkataan lisää kielen ammattilaisia neuvomaan, miten tuotetaan selkeää kieltä. Pelkkä kevyt oikoluku ei auta, vaan pitää syventyä kielen rakenteisiin. Digitaalisten palveluiden pitää olla ymmärrettäviä ja ottaa huomioon kaikenikäiset käyttäjät.

Kielenhuoltajat eivät kuitenkaan puutu ilmaisunvapauteen. Kielentutkijat pitävät muutoksia, kuten lainasanoja, luonnollisena osana kielen kehittymistä. Sen sijaan jos kielen käyttöala yhteiskunnassa kapenee, se on merkittävää.

Nostan vielä lopuksi selvityksestä yhden tärkeän suosituksen: "Käytetään suomen kieltä aktiivisesti suomalaisen yhteiskunnan keskeisimpänä yhteisenä kielenä kaikilla elämänalueilla."

Lähde: Suomi osallisuuden kielenä: Selvitys suomen kielen tilasta Suomessa 2020-luvun puolimaissa, Onikki-Rantajääskö, Tiina (2024-08-23)

https://julkaisut.valtioneuvosto.fi/bitstream/handle/10024/165782/OM_2024_20_SO.pdf
?sequence=1&isAllowed=y

POHDITTAVAA

Millä tavoin sinä voit edistää suomen kielen asemaa?

Tuetko kielenoppijoita suomen kielessä?

Kielitietoa verkossa

K irjoittajalle on tarjolla monia maksuttomia apuvälineitä, joista esittelen muutamia.

Kotimaisten kielten keskuksen eli Kotuksen verkkosivut ovat todellinen aarrearkku täynnä kielitietoa. Tietoa on valtavasti, joten välillä etsiminen käy työstä. Rohkaisen klikkailemaan kuvakkeita ja käyttämään hakutoimintoa.

Kielitoimiston sanakirja

Tämä on ehdoton ykkönen! Esittely suoraan sivustolta: *"Kielitoimiston sanakirja on Kotimaisten kielten keskuksessa laadittu suomen yleiskielen sanakirja. Sanakirja antaa tietoa sanojen merkityksistä, käytöstä ja tyylisävyistä samoin kuin taivutuksesta ja oikeinkirjoituksesta. Sanakirjassa on yli 100 000 hakusanaa. Päivitettävä julkaisu."*

Kielitoimiston sanakirjaan voi aina tukeutua, kun jokin sana-asia mietityttää. Maksutonta sivustoa päivitetään säännöllisesti, ja se on luotettava sanakirja. Se kannattaa ehdottomasti lisätä kirjanmerkkeihin. Sanakirjaa on myös helppo käyttää.

Otetaan esimerkiksi sana "ahkera" ja tehdään siitä haku. Ahkera-sanalle avautuu seuraavanlainen kuvaus:

Taivutus

yks. nom. ahkera

yks. gen. ahkeran

yks. part. ahkeraa

yks. ill. ahkeraan

mon. nom. ahkerat

mon. gen. ahkerien, (ahkerain)

mon. part. ahkeria

mon. ill. ahkeriin

komparatiivi ahkerampi

superlatiivi ahkerin

1.

paljon työtä tekevä, työteliäs, uuttera, uuras, toimekas, toimelias; vireä, ripeä, riuska; innokas, kova.

Ahkera työmies, kynänkäyttäjä.

Ahkera tekemään jtak.

Olla ahkerassa työssä.

2.

usein jtak tekevä, innokas, halukas, hanakka, harras, kova; usein, vähän väliä suoritettava.

Ahkera harjoittelija.

Ahkera ryyppymies.

Ahkera kylpeminen.

Jos aprikoit jonkin sanan taivutusta, silloinkin sanakirjasta on apua. Esimerkiksi nukke-sanan monikon genetiivissä on monta vaihtoehtoa.

Taivutus

yks. nom. nukke

yks. gen. nuken

yks. part. nukkea

yks. ill. nukkeen

mon. nom. nuket

mon. gen. nukkejen, nukkein, nukkien

mon. part. nukkeja

mon. ill. nukkeihin

Kotuksella on muitakin maksuttomia julkaisuja, joista kirjoittaja hyötyy.

https://www.kotus.fi/julkaisut/vapaasti_verkossa_-_julkaisukooste

Synonyymit

Jos tarvitset tietoa synonyymeista eli samamerkityksisistä sanoista, ohjaan sinut synonyymit.fi-sivustolle.

Esimerkiksi sanalle laiva tulee runsaasti vaihtoehtoja, kuten purkki, pursi, vene, venhe, hylky, paatti, jahti jne.

Kielitoimiston ohjepankki

Kielitoimiston ohjepankki on kaikille kieliohjeita etsiville. Sen esittelytekstissä sanotaan, että ohjepankki sisältää yleiskieltä koskevia oikeinkirjoitus-, kielioppi- ja nimiohjeita. Niitä päivitetään ja lisätään tarpeen mukaan.

Etsimäsi asia on siellä melko varmasti, mutta sen löytäminen vaatii viitseliäisyyttä. Kun sivustolla käy riittävän usein, hakemisesta tulee helpompaa. Säännöllisyys palkitsee.

Jos kaipaat esimerkiksi tietoa tuotenimistä, etene tätä polkua pitkin: Nimet, Yritys- ja tuotenimet yms., Tuotenimet

http://www.kielitoimistonohjepankki.fi/selaus/2082/ohje/180

Huutomerkin käytöstä kerrotaan, kun klikkailee kohdasta Teksti, Huutomerkki.

http://www.kielitoimistonohjepankki.fi/selaus/3180/ohje/22

Ohjepankin hakutoimintoa kannattaa myös hyödyntää.

Kielipähkinät

Teetkö mielelläsi testejä? Kotuksen sivuilla on runsaasti erilaisia kieli- ja nimitestejä, joiden parissa aika hurahtaa. Voi järjestää vaikka tietokilpailuja, kuka saa parhaimmat pisteet.

Kielipähkinät tarjoavat monenlaista purtavaa: on paitsi perusasiaa kielenhuollosta myös vähän vaativampia pähkinöitä, joissa saa testata tietämystään nimistä, murteista ja vanhasta kirjasuomesta.

Lopuksi

Mitä pidit lukemastasi? Syttyikö kielikipinä? Saitko uutta ajateltavaa? Tarttuiko mukaan hyödyllisiä niksejä tai vinkkejä?

Toivottavasti uteliaisuus kieltä kohtaan kasvoi. Ehkä kuuntelet nuorison kielenkäyttöä uudella tavalla. Ehkä ryhdyt pitämään päiväkirjaa. Ehkä tartut uusiin kirjoihin. Ehkä hämmästelet mainosten kieltä.

Kun tutkii kieltä erilaisista näkökulmista avoimesti ja uteliaasti, kielitaju kehittyy kuin itsestään. Ja kielestä kannattaa keskustella niin läheisten kuin työkavereidenkin kanssa.

Hälyn ja kiireen keskellä vaatii vaivaa vetäytyä ajattelemaan, mitä kirjoittaa ja miten asiansa ilmaisee. Se on kuitenkin sen arvoista. Ja muista, että pienilläkin keinoilla pystyy kohentamaan kirjoitustaitojaan ja viestit menevät paremmin perille.

Suomen kielen puolesta

Tuija

Kiitokset

Lämpimät kiitokset kaikille, joiden kanssa olen saanut käydä antoisia kielikeskusteluja. Erityiskiitokset menevät lukuisille opiskelijoille, joiden kanssa olemme pohtineet erilaisia kielenkäyttötilanteita.

Blogiteksteistäni olen saanut kannustavaa palautetta, mikä on auttanut jaksamaan ja loihtimaan uusia kirjoituksia.

Kustantamon hyvät ohjeet ovat auttaneet työstämään teoksen valmiiksi.

Kirjoittajan esittely

Tuija Metsäaho on suomen kielen maisteri ja HSO-sihteeri. Hänellä on kymmenien vuosien kokemus työelämän kirjoitustaitojen kouluttamisesta. Hän pitää Elämänpuu-blogia, joka kertoo kansantajuisesti kielestä.

"Suomen kieli on rikas ja rakas. Selkeä ja kansantajuinen kieli on minulle tärkeää, ja sillä saa viestinsä parhaiten perille."

"Kirjoittajana ei ole koskaan valmis, vaan aina voi kehittyä. Olen itse siitä hyvä esimerkki, koska tuntuu, että joka päivä opin jotain uutta. Utelias mieli pitää virkeänä."

Mottoni: Selkeä mieli, selkeä kieli

Metsäaho on aiemmin julkaissut seuraavat teokset:

- o Ystävällisiä viestejä – Työelämän sähköpostit (BoD 2023)
- o Onnenpilkahduksia – 10 kirjoitusta keski-ikäisen naisen elämästä (BoD 2023)
- o Työelämän toimivat tekstit -kirja (Yrityskirjat 2013)

Kuva: Petri Teräväinen